Them

Lehrwerk für Deutsch als Fremdsprache

Lehrerhandbuch

von Mechthild Gerdes, Heidelies Müller,
Hartmut Aufderstraße und Heiko Bock

Max Hueber Verlag

4. 3. 2.	Die letzten Ziffern
1992 91 90 89 88	bezeichnen Zahl und Jahr des Druckes

Alle Drucke dieser Auflage können, da unverändert,
nebeneinander benutzt werden.
2. Auflage 1987
© 1984 Max Hueber Verlag · D-8045 Ismaning
Umschlaggestaltung: Dieter Bonhorst · München
Gesamtherstellung: Ludwig Auer GmbH · Donauwörth
Printed in the Federal Republic of Germany
ISBN 3-19-031371-7

Inhalt

Das Lehrwerksystem von „Themen" ist auf *drei Bände* hin angelegt. Band 1 und 2 führen zum „Grundbaustein Deutsch als Fremdsprache" (etwa 60%–70% der Anforderungen des Zertifikats), Band 3 zum „Zertifikat Deutsch als Fremdsprache".

Band 1 umfaßt die folgenden Elemente:

Kursbuch
von H. Aufderstraße, H. Bock, M. Gerdes und H. Müller
Projektbegleitung: H.-E. Piepho
152 Seiten, mit Fotos und Zeichnungen vierfarbig illustriert, kt.
ISBN 3-19-001371-3

Arbeitsbuch
von K.-H. Eisfeld, H. Holthaus, U. Schütze-Nöhmke und H. Bock
128 Seiten, mit Fotos und Zeichnungen, kt.

Arbeitsbuch Inland
ISBN 3-19-011371-8

Arbeitsbuch Ausland
ISBN 3-19.02.1371-2

Aufnahme von Dialogen und Hörtexten
1 Compact-Cassette   ISBN 3-19-081371-X

Hören Sie mal!
Hörprogramm zum Selbstlernen
von C. Hümmler-Hille und E. von Jan
3 Cassetten und ein Textheft   ISBN 3-19-001484-1

Glossare

Englisch	ISBN 3-19-041371-1	Arabisch	ISBN 3-19-101371-7
Französisch	ISBN 3-19-051371-6	Japanisch	ISBN 3-19-161371-4
Italienisch	ISBN 3-19-061371-0	Griechisch	ISBN 3-19-201371-0
Spanisch	ISBN 3-19-071371-5	Persisch	ISBN 3-19-191371-8
Türkisch	ISBN 3-19-111371-1		

65 Arbeitstransparente zu den Bänden 1 und 2
von Dagmar Paleit   ISBN 3-19-091371-4

Materialienbuch zu den Bänden 1 und 2
von Dagmar Paleit
120 Seiten, mit Abb., kt.   ISBN 3-19-131371-0

A Grammar Workbook to Levels 1 and 2
Ein Begleitbuch zu Themen 1 und 2 mit Erklärungen und Übungen für englischsprechende Lerner
116 Seiten, kt.   ISBN 3-19-001457-4

Vorwort

Das vorliegende Lehrerhandbuch hilft dem Lehrer, insbesondere mit seinem unterrichtspraktischen Teil, den Einsatz des Lehrwerksystems „Themen" systematisch zu planen. Die Vorschläge für den Unterrichtsablauf, die hier gemacht werden, sind als Anregungen zu verstehen. Es gibt daneben bestimmt viele andere Möglichkeiten, mit „Themen" sinnvoll und kreativ zu unterrichten.

Im einzelnen bietet das Lehrerhandbuch:

1. eine Einführung in die didaktische und methodische Konzeption des Lehrwerks sowie in die Konzeption der Grammatik. Dieser erste Abschnitt enthält außerdem eine Übersicht über das Lehrwerksystem und eine Beschreibung des Aufbaus einer Lektion.

2. einen unterrichtspraktischen Teil.
Hier wird zunächst am Beispiel von Lektion 9 exemplarisch dargestellt, wie der Unterrichtsablauf mit „Themen 1" gestaltet werden kann. Anschließend folgen zu den übrigen Lektionen 1 bis 8 und 10 ausführliche Vorschläge und Anregungen für den Unterricht mit dem Kursbuch und den Einsatz des Arbeitsbuches. Diese Kapitel enthalten außerdem Hinweise darauf, an welchen Stellen des Unterrichts die Begleitmaterialien (Cassetten, Folien und Materialienbuch) eingesetzt werden können.

Pictogramme

Hinweise auf Begleitmaterialien und Sozialformen im Unterricht finden sich jeweils am Seitenrand in Form folgender Pictogramme.

Einsatz der Cassette

5   Einsatz der Folien (z. B. Folie Nr. 5)

5   Einsatz des Materialienbuches (zusätzlich oder alternativ; z. B. Spiel Nr. 5)

Einsatz der Tafel

Klassengespräch

▦	Kettenübung
▦	Partnerarbeit
▦	Gruppenarbeit
▦	Einzelarbeit
▄/▟	Einsatz der Folie oder Tafel

→ AB, S... Ü ...	Hier sollten Übungen . . . im Arbeitsbuch auf S. . . . gemeinsam, einzeln oder zu Hause erarbeitet werden.
→ AB, S. . . . Ausland Text	eventuell gemeinsame Lektüre und Besprechung des Textes im Arbeitsbuch Ausland bzw. Inland auf S. . . .

Konzeption des Lehrwerks „Themen"

1. Vorüberlegungen

Fremdsprachenlehrwerke sind das Resultat einer Menge verschiedener Anforderungen, die an sie gestellt werden. Ein wesentlicher Einflußfaktor ist die fachdidaktische Diskussion, die die Konzeption eines Lehrwerks entscheidend beeinflußt. Für welche Konzeption wir uns entschieden haben und warum, möchten wir im folgenden offenlegen.

Die fremdsprachendidaktische und -methodische Diskussion findet statt im Rahmen bestimmter theoretischer Ansätze und Traditionen, die hier *Paradigmen* genannt werden. Leider sind diese Paradigmen wenig explizit formuliert und somit nur schwer abgrenzbar und prüfbar. Ein wesentlicher Grund dafür ist, daß man nicht ausreichend zwischen Methodik und Didaktik unterscheidet. Sicher sind beide voneinander abhängig, aber aus analytischen Gründen der Konzeptdarstellung ist es sehr vorteilhaft, eine einfache definitorische Unterscheidung zu treffen: Didaktik wird hier verstanden als das Ergebnis und das Verfahren der Findung, Auswahl, Sequenzierung und *Legitimation* von Lernzielen, Methodik als das Ergebnis und das Verfahren der Findung, Auswahl und *empirischen Begründung* von Lehr- und Lernverfahren. Diese Definitionen sind zugegebenermaßen sehr formal und werden der Komplexität der allgemeindidaktischen Diskussion über den Didaktik- bzw. Methodikbegriff nicht voll gerecht. Für die Zwecke der Darstellung der Konzeption sind sie hier aber ausreichend und in dieser Form nützlich.

Im folgenden stellen wir zunächst unsere didaktische und anschließend unsere methodische Konzeption vor.

2. Die didaktische Konzeption

Es lassen sich historisch gesehen *idealtypisch* drei *didaktische* Paradigmen für Lehrwerkkonzeptionen unterscheiden:

a) das grammatische Paradigma,
b) das situative Paradigma,
c) das kommunikative Paradigma.

Diese Paradigmen unterscheiden sich in der Auffassung, was es bedeutet, eine Sprache zu beherrschen. Lernziel von Lehrwerken im Rahmen des grammatischen Paradigmas ist die Fähigkeit, grammatisch korrekte Sätze zu *bilden*. Sie berücksichtigen jedoch nicht die Fähigkeit, Sätze auch richtig, d. h. entsprechend einer bestimmten Sprechintention, eines auszudrückenden Sachverhaltes (Proposition), einer gegebenen Situation, einer gegebenen Textsorte oder Interaktionsform und eines zu wählenden Registers zu *gebrauchen*. Das situative ist gegenüber dem grammatischen Paradigma insofern ein Fortschritt, als neben der Fähigkeit zur *Bildung* von Redemitteln auch deren *Gebrauch* in spezifischen Situationen Lernziel von situativ angelegten Lehrwerken ist. Eine Fremdsprache beherrschen heißt aber noch mehr, nämlich im Rahmen bestimmter Textsorten oder Interaktionsformen (Pragmatik) Propositionen (Lexik und Semantik) ausdrücken und Sprechintentionen sprachlich realisieren zu können. Diese Fähigkeiten sind neben dem angemessenen Gebrauch von Sprache in Situationen und der Bildung sprachlicher Formen (Grammatik) Lernziele eines kommunikativen Lehrwerks. Das kommunikative Paradigma berücksichtigt am umfassendsten die Faktoren, die bestimmen, was es heißt, eine Sprache zu beherrschen. Deshalb haben wir uns auch für eine kommunikative Konzeption des Lehrwerks „Themen" entschieden. Lernziel von „Themen" ist also nicht bloß eine situative Sprech- und eine grammatische Sprachkompetenz, sondern eine Sprachhandlungskompetenz, die alle genannten Teilfähigkeiten umfaßt.

2.1 Didaktische Auswahl- und Begründungsverfahren

Ein zentraler Punkt der didaktischen Diskussion im Rahmen des kommunikativen Paradigmas war und ist die Frage: Was ist das primäre Kriterium für die Auswahl, Anordnung und Begründung von Lernzielen? Meist geht man von der Kategorie *Sprechintention* aus und fragt: Welche Sprechintentionen sind für eine gegebene Zielgruppe wichtig und welche weniger wichtig? Durch die Beantwortung dieser Frage gewinnt man scheinbar eine Hierarchie von Sprechintentionen geordnet nach dem Grade ihrer Wichtigkeit. In einem weiteren Schritt ordnet man den so hierarchisierten Sprechintentionen lexikalische und syntaktische Redemittel, Situationen und Textsorten zu und erhält so eine geordnete Abfolge von linguistischen Lernzielen, d. h. eine Progression. Gegen diese Art der Festlegung einer Auswahl und Progression von linguistischen Lernzielen gibt es mehrere Einwände:

a) Es gibt keine Kriterien zur Klassifikation und Abgrenzung von Sprechintentionen, die nicht *auch* semantische (propositionale) Kategorien (z. B. Raum, Zeit, Quantität, Qualität usw.) sowie lexikalische und pragmatische (z. B. textlinguistische und situative) Kriterien sind. Also können Sprechintentionen nicht das *primäre* Kriterium für die Auswahl von linguistischen Lernzielen sein.

b) Eine sprachliche Progression, die über eine Hierarchie von Sprechintentionen gewonnen wurde, ist lexikalisch, semantisch und pragmatisch nicht geordnet. Dadurch ist vor allem der Erwerb des Wortschatzes erschwert.

c) Da die Zuordnung von Sprechintentionen und grammatischen Lernzielen willkürlich ist, ist eine aus einer hierarchisch geordneten Menge von Sprechintentionen abgeleitete grammatische Progression relativ ungeordnet. Diese Konsequenz ist besonders für diejenige große Gruppe von Lernern nicht wünschenswert, für die eine durchschaubare grammatische Progression ein wichtiges Organisationsmittel für den Lernprozeß ist.

d) Ein *nicht* semantisch, lexikalisch und pragmatisch gefaßter Intentionenbegriff ist so allgemein (z. B. die Intention „jemanden fragen"), daß aus ihm *allein* keine linguistischen Lernziele abgeleitet werden können.

e) Eine Wichtigkeitshierarchie von Sprechintentionen ist nur sehr schwer begründbar. Festlegbar ist allenfalls eine Menge von Sprechintentionen, die für eine bestimmte Zielgruppe relevant sind, nicht aber, welche Sprechintention aus dieser Menge im einzelnen wichtiger ist als eine andere.

Diese grundsätzlichen Einwände schließen jedoch nicht aus, *einen semantisch, lexikalisch und pragmatisch gefaßten* Intentionenbegriff als mittleres didaktisches Planungskriterium zu verwenden. Er ist auf dieser Ebene durchaus als *Kriterium für die Auswahl* einer Menge lexikalischer, grammatischer, pragmatischer und semantischer, d. h. linguistischer Lernziele geeignet. Allerdings läßt sich aus den genannten Gründen aus einer Hierarchie von Sprechintentionen *keine linguistische Progression ableiten*. Diese ergibt sich in „Themen" vielmehr dadurch, daß wir die ausgewählten linguistischen Lernziele aus den Bereichen Grammatik, Pragmatik, Lexik und Semantik in Lernzielgruppen einander widerspruchsfrei zuordnen und kompatibel machen und dann auf die einzelnen Lektionen und Lektionsteile verteilen. Bei der Festlegung der Progression werden die vier verschiedenen linguistischen Lernziele gleichberechtigt behandelt. Wir bezeichnen die Progression in „Themen" deswegen weder einseitig als grammatisch, lexikalisch, pragmatisch oder semantisch und aus dem obengenannten Grund auch nicht als sprechintentional, sondern einfach als linguistische Progression, die eine Menge von über Sprechintentionen gewonnenen sprachlichen Lernzielen nach den Gesichtspunkten „Kompatibilität" und „Widerspruchsfreiheit" sequentiell ordnet.

Aus dem obengenannten Grund a) können Sprechintentionen nur ein mittleres didaktisches Auswahlkriterium sein. Auch sie müssen legitimiert werden. Es stellt sich also die Frage: Welches Kriterium bestimmt die Wahl einer Menge von Sprechintentionen? Um Zirkularität der Begründung zu vermeiden, kann das natürlich nur ein nicht-linguistisches Kriterium sein. Für uns sind das die antizipierbaren Bedürfnisse der Zielgruppe des Lehrwerks „Themen". Man kann diese Bedürfnisse ermitteln durch eine Analyse der gesellschaftlichen Rollen, die Lerner in der Fremdsprache Deutsch bewältigen wollen oder auch müssen. Gegen dieses Vorgehen gibt es zwei grundsätzliche Einwände:

a) Der Rollenbegriff ist definitorisch problematisch, denn die Menge aller Rollen ist beliebig erweiterbar, d. h. es gibt kein Entscheidungskriterium, was eine gesellschaftliche Rolle ist und was nicht.

b) Welche Rollen für die Lerner wichtig sind, ist auch bei homogenen Zielgruppen nur sehr schwer festlegbar.

Trotzdem kann eine Rollenanalyse einen heuristischen Nutzen zur Bestimmung von Lernerbedürfnissen haben. Wir haben allerdings versucht, die Einwände a) und b) zu berücksichtigen, indem wir von *elementaren Lebensfunktionen* (z. B. Wohnen, Essen, Trinken, Arbeit, Freizeit, Politik usw.) in industrialisierten Ländern ausgegangen sind, und erst dann gefragt haben, welche Rollen die Lerner in diesen Bereichen sprachlich erfüllen müssen. Das hat zwei Vorteile:

a) Elementare Lebensfunktionen sind ein definitorisches Ordnungskriterium für Rollen.

b) Elementare Lebensfunktionen als Ausgangspunkt didaktischer Ableitungen garantieren, daß man, bei aller Heterogenität von Lernerbedürfnissen, die wesentlichen Rollen erfaßt.

Hat man ausgehend von elementaren Lebensfunktionen über eine Rollenanalyse Lernerbedürfnisse bestimmt, lassen sich aus diesen dann eine Menge von Sprechintentionen und daraus wiederum die pragmatischen, semantischen, lexikalischen und grammatischen Lernziele ableiten.
Dieses Verfahren läßt sich graphisch so darstellen:

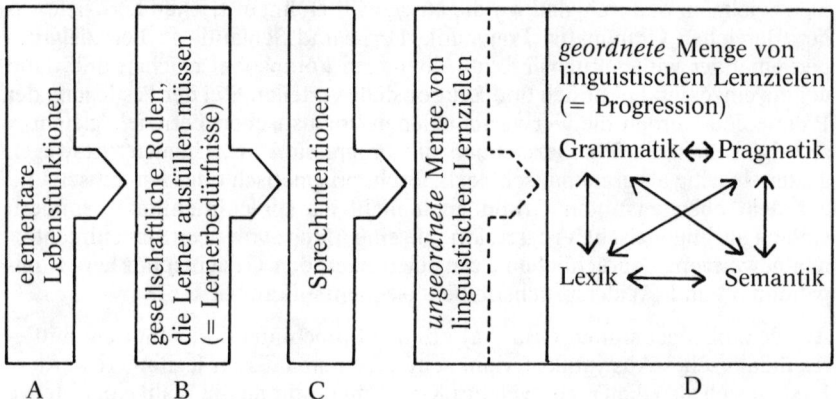

A   B   C   D

Bei diesem Ableitungsverfahren ist man auf „heuristisch-hermeneutische" Methoden angewiesen, da es noch keine empirisch-quantifizierende Methode gibt, die eindeutig Korrelationen zwischen außersprachlicher Welt (Lebensfunktionen, Rollen), mental gegebenen Intentionen (Sprechintentionen) und sprachlichen Fähigkeiten (linguistische Lernziele) formulieren kann.

2.2 Themen als lektionskonstituierendes Prinzip

Das geschilderte didaktische Ableitungsverfahren hat für Fremdsprachenlehrwerke einen entscheidenden Vorteil. Die obersten didaktischen Kategorien „elementare Lebensfunktionen" sind gleichzeitig lektionskonstituierende Prinzipien, da sie selbst Themen sind oder sich aus ihnen solche ableiten lassen. Wir haben in diesem Lehrwerk deshalb die einzelnen Lektionen inhaltlich an

10

Themen orientiert, die elementaren Lebensfunktionen entsprechen oder aus ihnen gewonnen werden können. Dadurch haben wir folgendes erreicht:

a) Die Lektionen sind thematisch-inhaltlich klar voneinander abgegrenzte Lerneinheiten.

b) Die Texte einer Lektion bilden inhaltlich eine Einheit. Es gibt keine thematischen Sprünge.

c) Durch Themen lassen sich linguistische Lernziele inhaltlich zusammenfassen. Das gilt vor allem für den Wortschatz, der so in Wortfeldern geordnet werden kann und damit erst übbar und gezielt lernbar wird.

d) Die thematisch-inhaltlich geordneten Lektionen fördern den Lernprozeß, da der Zusammenhang der einzelnen Übungen und Texte für Lerner leichter durchschaubar ist als in situativ oder sprechintentional orientierten Lektionen.

2.3 Der Grundbaustein Deutsch als Fremdsprache

Eine weitere Aufgabe bei der didaktischen Lernzielfindung war die Berücksichtigung der Kataloge und Lernziele des Grundbausteins Deutsch als Fremdsprache. Denn an einigen Stellen sind wir bei der Lernzielfindung für „Themen" zu anderen Ergebnissen gekommen als der Grundbaustein. Dabei wurden einige Lernziele modifiziert, aber vor allem Lernziele ergänzt. Dafür gibt es nach unserer Auffassung sechs Gründe:

a) Die Ableitung des Wortschatzes aus den Katalogen der Themen und der Sprechintentionen ist nicht immer überzeugend.

b) Der Wortschatz ist stark an der konkreten Alltagswelt orientiert, d. h. er ist weniger geeignet für eine kritische Auseinandersetzung mit Inhalten.

c) Die Kataloge und Listen sind vor allem auf die Bedürfnisse der Lerner im alltäglichen Lebenszusammenhang abgestimmt. Das hat zur Folge, daß der Sprachgebrauch primär alltagspraktisch und zweckbestimmt und nicht auch literarisch ist.

d) Der Texte-Katalog ist nicht vielfältig genug. Er umfaßt nicht die Vielfalt der Textsorten, die für die intendierte Zielgruppe relevant sind.

e) Der Grundbaustein ist auf die mündlichen Fertigkeiten fixiert und vernachlässigt die Lesefertigkeit.

f) Die Kataloge der Themen und Sprechintentionen und die Wortschatzliste sind stark auf die Lernerbedürfnisse bei einem Aufenthalt in der Bundesrepublik zugeschnitten und berücksichtigen nicht ausreichend die des Lerners im Ausland.

Insbesondere die Punkte b) bis f) haben zu einer Erweiterung des didaktischen Ansatzes des Grundbausteins geführt.

Zu c: Sprache wird in „Themen" nicht nur verwendet als Mittel zur Realisierung von Sprechintentionen in alltäglichen Situationen und Handlungszusammenhängen, sondern auch als ein ästhetisches Mittel zum Ausdruck von Iro-

nie, Humor und subjektiver Weltsicht. In das Kursbuch wurden deshalb im Teil
C jeder Lektion entsprechende Texte aufgenommen, die einen mehr ästhetischen, d. h. nicht alltagspraktisch-zweckgebundenen Umgang mit Sprache vermitteln.

Zu d: In „Themen" sind im Kurs- und Arbeitsbuch fast alle gängigen, alltäglichen Textsorten vertreten, die für die Zielgruppe des Lehrwerks wichtig sind.

Zu e und f: Um den unterschiedlichen Bedürfnissen der Lerner im Ausland
und im Inland gerecht zu werden und um zusätzliche Texte zur Ausbildung der
Lesefertigkeit anbieten zu können, haben wir jeder Lektion im Arbeitsbuch
einen Magazinteil mit Lesetexten angefügt und diese in *zwei Arbeitsbüchern*
nach *Texten für das Inland* und *Texten für das Ausland* differenziert. Eine
Differenzierung nach Lesetexten bietet sich aus drei Gründen an:

a) Vor allem Lesetexte vermitteln landeskundliche Inhalte (Informationen,
   Meinungen usw.), und gerade hier divergieren die Interessen von Aus-
   lands- und Inlandslernern.
b) Lesen ist im Ausland eine sehr wichtige Fertigkeit.
c) Eine Differenzierung im Rahmen der Fertigkeiten Sprechen und Hören ist
   nur sehr schwer möglich, weil Sprech-/Hörsituationen natürlicherweise
   meistens auf das Inland bezogen sind.

Der Unterscheidung nach Inlands- und Auslandstexten liegt folgendes Kriterium zugrunde: Inlandstexte sind solche, die für einen längeren Aufenthalt
oder das Leben in der Bundesrepublik für Handlungen in der Alltagspraxis
relevant sind. Auslandstexte hingegen sind solche, die über Aspekte elementa-
rer Lebensfunktionen im deutschsprachigen Raum informieren und zum Vergleich mit dem eigenen Land anregen. Eine Problematik dieser Unterscheidung
liegt darin, daß alle Auslandstexte auch für Inlandslerner von Interesse sind,
aber nicht umgekehrt. Dies ist notwendigerweise so, weil Ausländer im Inland
natürlich Ausländer bleiben und die deutschsprachigen Länder immer aus dem
Blickwinkel des Fremden sehen. Sie haben also mit dem Auslandslerner diese
Perspektive und sehr viele Interessen gemeinsam, jedoch auch zusätzliche,
nämlich die, die sich aus dem Leben in einem deutschprachigen Land ergeben.
Eine Konsequenz dieser Überlegung wäre natürlich, die Auslandstexte auch in
die Inlandsausgabe des Arbeitsbuches zu übernehmen. Das hätte jedoch für
einen ersten Band eine Überladung mit Texten zur Folge, die uns nicht akzep-
tierbar erscheint.

2.4 Landeskunde

Produktion und Verstehen von Sprache ist nicht nur eine rein sprachliche
Tätigkeit. Fehlendes oder mangelhaftes nichtsprachliches Wissen von der Sache, von der ein Text handelt, erschwert z. B. das Verstehen des Textes, auch
wenn die verwendete Sprache alleine betrachtet durchaus verständlich ist. Im
Fremdsprachenunterricht für Anfänger stellt sich dieses Problem verstärkt.

Denn diesen Lernern fehlt oft das für Produktion und Verstehen der Fremdsprache notwendige landeskundliche Wissen. In „Themen" wird Sprache deshalb in thematisch-inhaltlichem Bezug zu elementaren Lebensfunktionen vermittelt, für die man zumindest für Lerner aus industrialisierten Ländern einen Bestand an gemeinsamem Wissen erwarten kann. Trotzdem gibt es selbstverständlich von Land zu Land Unterschiede in der Ausprägung dieser Lebensfunktionen. Landeskunde in „Themen" verstehen wir deswegen als Vermittlung desjenigen landeskundlichen Wissens, das für Produktion und Verstehen von Sprache im Unterricht mit „Themen" notwendig ist und nicht zum allgemeinen Wissensbestand über elementare Lebensformen in industrialisierten Ländern gehört.

Diese Form der Landeskunde kann entweder *informations-* oder *handlungsbezogen* sein. Ist sie informationsbezogen, dann vermittelt sie implizit oder explizit Wissen *über* die deutschsprachigen Länder, das vor allem für den diskursiven Sprachgebrauch (z. B. Meinungen äußern, argumentieren usw.) notwendig ist. Handlungsbezogene Landeskunde hingegen stellt Wissen zur Verfügung, das für sprachliche Handlungen in elementaren Lebensfunktionen in der zielsprachigen Umgebung unmittelbar wichtig ist. Die Landeskunde im Kursbuch ist sowohl informations- als auch handlungsbezogen, während die Texte des Arbeitsbuches Ausland informationsbezogene und die des Arbeitsbuches Inland handlungsbezogene Landeskunde vermitteln. Diese Differenzierung der Texte im Arbeitsbuch entspricht so den unterschiedlichen Interessen der Lerner im In- und Ausland.

2.5 Lernziel Fertigkeiten

Entsprechend dem Grundbaustein Deutsch als Fremdsprache liegt das Schwergewicht der Fertigkeitsschulung im Kursbuch auf den zwei mündlichen Fertigkeiten Sprechen und Hören. Es werden im Kursbuch aber auch systematisch Lesetexte angeboten. Da wir das Leseverstehen gegenüber den Fertigkeiten Sprechen und Hören gleichberechtigt behandeln, enthalten die Arbeitsbücher in einem Magazinteil nach jeder Lektion weitere Lesetexte, die nach Inland und Ausland differenziert sind (vgl. 2.3). Lerner, z. B. Studenten, haben jedoch auch das Ziel, deutsch schreiben zu können. Das Arbeitsbuch bietet deshalb auch Aufgaben zur Schreibfertigkeit als Zielfertigkeit. Dagegen ist Schreiben in Zusammenhang mit den anderen Übungen im Arbeitsbuch als Mittlerfertigkeit anzusehen, die bloß technisch erforderlich ist. Sofern allerdings Schreiben als Zielfertigkeit Gegenstand des Kurses ist, können die schriftlichen Übungen in den Arbeitsbüchern durchaus auch zur Schulung der Orthographie eingesetzt werden.

Das Erlernen der vier Fertigkeiten ist unterschiedlich schwer. Entsprechend ist auch die Progression der Texte und Übungen zur Entwicklung der Fertigkeiten verschieden steil, und es wird deshalb im Kursbuch genau unterschieden zwischen:

a) Sprechtexten und Sprechübungen, die dem Aufbau der Sprechfertigkeit dienen (implizit damit natürlich auch der Hörfertigkeit, die aber hier nicht Zielfertigkeit ist). Es handelt sich bei den Texten um Dialoge, die in „Themen" keine reine Präsentationsfunktion haben, sondern als Vorlagen für Rollenspiele gedacht sind. Insofern sind sie gleichzeitig Übungen zur Sprechfertigkeit. Die Sprechtexte sind sprachlich am einfachsten.

b) Hörverstehenstexte, die Hörverstehen als Zielfertigkeit trainieren. Sie sind sprachlich schwerer als Sprechtexte, aber leichter als Lesetexte.

c) Lesetexte, die das Leseverstehen zum Ziel haben. Sie sind sprachlich am schwierigsten, weil die Fertigkeit Lesen am einfachsten zu erlernen ist.

Durch diese Unterscheidung kommt man zu *drei Strängen der Progression*, der der Sprech-, Hörverstehens- und Lesetexte bzw. -übungen. Der Grammatikdarstellung liegt die Progression der Sprechtexte zugrunde. Man sollte deshalb eigentlich nicht von *der* Progression im Lehrwerk sprechen. Diese ist vielmehr nach den drei primären Zielfertigkeiten in „Themen" zu differenzieren.

Diese Überlegungen haben direkte Relevanz für die didaktische Forderung nach sprachlicher Authentizität von Texten in Fremdsprachenlehrwerken.

2.6 Authentizität als didaktisches Kriterium für die Textauswahl

In der didaktischen Diskussion wird immer wieder verlangt, daß Texte auch in der Grundstufe authentisch sein sollen. Unter „authentisch" sind meist solche Texte gemeint, die der muttersprachlichen Norm der Zielsprache entsprechen bzw. in der Realität vorgefunden werden. Diese Forderung wird vor allem für Lese- und Hörtexte erhoben, weil diese sprachlich komplexer sein können als Sprechtexte und Schreibtexte. Sie wird meist begründet durch den Hinweis auf die höhere Motivationskraft authentischer Texte und damit, daß Lerner in der Realität ja auch mit authentischen Texten und nicht mit künstlich simplifizierten Texten konfrontiert werden und diese deshalb verstehen lernen müßten. Diese Begründung ist so nur oberflächlich richtig. Denn durch eine Überforderung des Lerners durch schwierige, wirklich authentische Texte, und das sind sie für Anfänger oft, bricht zum einen deren Sprachlernmotivation zusammen, zum anderen verlangt niemand von Fremdsprachenlernern in der Grundstufe, daß deren mündliche Äußerungen sprachlich authentisch sind, also zielsprachlichen Normen entsprechen. Also darf man von Lese- und Hörtexten ebenfalls keine strikte Authentizität verlangen. Zwar können diese aus den obengenannten Gründen sprachlich komplexer sein als Sprechtexte, aber nicht im strikten Sinne authentisch, da dies die Lerner überfordern würde. Zudem kann es wirklich authentische Texte im Unterricht nie geben, da diese immer in ihnen fremde Kommunikationsbedingungen, nämlich die der Kurssituation, eingebettet sind.

Offenbar ist das Kriterium der Authentizität in der Definition „der zielsprachlichen Norm entsprechend" als didaktisches Kriterium nicht angemessen. Der

Grund dafür liegt darin, daß Authentizität von Sprache keine abstrakte Norm ist, die für eine einheitliche Sprache aller Sprecher gilt, sondern immer nur für die Sprache einzelner Gruppen oder Regionen, also einer *Varität einer Sprache*. Die Annahme einer einheitlichen Sprache ist lediglich ein methodologisches Konstrukt, das die grammatische Beschreibung einer Sprache vereinfacht und dafür durchaus sinnvoll sein kann. Weil eine Sprache immer aus einer Menge von Varitäten besteht, kann man z. B. von einem politisch desinteressierten 14jährigen Jugendlichen nicht verlangen, daß er einen politischen Leitartikel versteht und von einem Bibliothekar nicht, daß er (fach-)sprachlich-authentisch dem Meister einer Repararturwerkstatt die Mängel an seinem Fahrzeug beschreiben kann. Beide, der Meister und Bibliothekar, sprechen authentisch, nämlich ihre Varität. Nur verstehen sie sich oft nicht, weil sie zwei verschiedene Varitäten sprechen. In beiden Fällen, bei der Kommunikation „Jugendlicher – Erwachsener" und „Bibliothekar – KFZ-Meister" verlangt man übrigens, daß der „Mehr-Wissende" bzw. sprachlich Überlegene seine Sprache am sprachlich Unterlegenen orientiert. Der Sachverhalt bei der Kommunikation „Sprachlerner – Muttersprachler" ist derselbe: für den Lerner ist die Sprache des Muttersprachlers keine authentische Sprache, weil er nur eine bestimmte Varität der Zielsprache beherrscht, nämlich die bis zu einem gewissen Zeitpunkt ausgebildete Lerner- oder Interimssprache.

Muttersprachliche Sprecher verhalten sich deswegen intuitiv richtig, wenn sie gegenüber Ausländern eine simplifizierte Varität ihrer Sprache verwenden. Daß dies auch zur Diskriminierung z. B. von Arbeitsmigranten verwendet werden kann, ist ein anderes Problem. Gegenüber Niederländern, Franzosen oder Skandinaviern z. B. gebrauchen Deutsche jedenfalls eine normal simplifizierte Varität des Deutschen. Typisch für diese nicht diskriminierend verwendete simplifizierte Varität ist, daß sie lexikalisch und grammatisch vereinfacht ist, aber pragmatisch weitgehend angemessen verwendet wird.
Aus diesen Überlegungen ergeben sich für uns zwei Kriterien für Authentizität von Texten im Fremdsprachenunterricht:

a) Die Sprache der Texte soll, jeweils auf den verschiedenen Komplexitätsniveaus der Fertigkeiten Sprechen/Hören/Lesen/Schreiben, für Lerner rezeptiv oder aktiv erwerbbar sein, d. h. von diesen in das jeweils vorhandene System der Lernersprache integrierbar sein.
b) Die Sprache der Texte soll grundlegenden pragmatischen Verwendungsbedingungen nicht widersprechen, d. h. hinsichtlich Situation, Register, Textsorte bzw. Interaktionsform angemessen sein.

Nur in diesem Sinne können Texte für Lerner authentisch sein.

3. Methodische Konzeption

Methodische Fragen haben zwei zu unterscheidende Aspekte:

a) einen lern-methodischen Aspekt und
b) einen lehr-methodischen Aspekt.

Eine methodische Konzeption unter lern-methodischem Aspekt geht vom Lerner aus und leitet methodische Verfahren und Prinzipien aus psycholinguistischen Kenntnissen über die neuralen (Sprach-)Lernmechanismen des Lerners und über die für den Spracherwerb notwendigen äußeren Bedingungen in der Lernsituation ab. Sie betrachtet Lernen als einen Prozeß der folgenden Art:

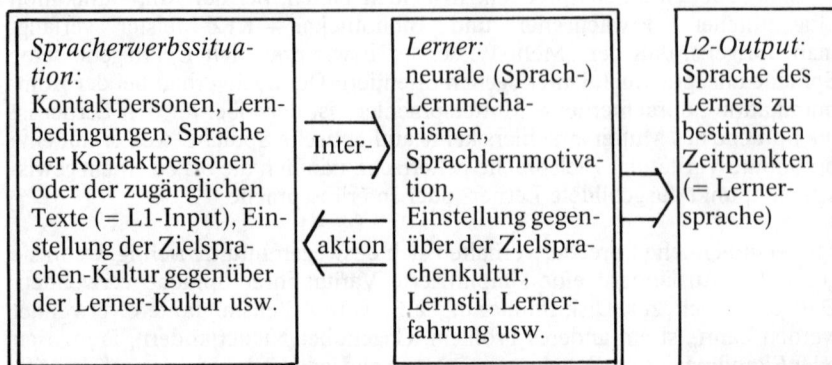

Spracherwerbssitua-tion: Kontaktpersonen, Lernbedingungen, Sprache der Kontaktpersonen oder der zugänglichen Texte (= L1-Input), Einstellung der Zielsprachen-Kultur gegenüber der Lerner-Kultur usw.	Inter-\\ → ←aktion/	*Lerner:* neurale (Sprach-) Lernmechanismen, Sprachlernmotivation, Einstellung gegenüber der Zielsprachenkultur, Lernstil, Lernerfahrung usw.	*L2-Output:* Sprache des Lerners zu bestimmten Zeitpunkten (= Lernersprache)

Bis heute gibt es jedoch keine für eine lern-methodische Konzeption von Fremdsprachen-Lehrmaterial *direkt* verwertbaren psycholinguistischen Forschungsergebnisse, die etwa Fragen der folgenden Art beantworten könnten:

a) Wie arbeiten die neuralen (Sprach-)Lernmechanismen? In welcher Form interagieren sie mit Faktoren der Spracherwerbssituation?
b) Wie muß der sprachliche Input beschaffen sein? Inwieweit ist er simplifiziert?
c) Gibt es feste Erwerbsabfolgen?
d) Wie verhalten sich Erwerb der Pragmatik, Grammatik, Phonetik, Lexik und Syntax einer Sprache zueinander?
e) Ist der natürlich-ungesteuerte und der durch Unterricht und Lehrmaterial gesteuerte Fremdsprachenerwerb verschieden oder gleich?
f) Wie verhalten sich Erwerb der Lese-, Schreib-, Hör- und Sprechfertigkeit zueinander?
usw.

Idealerweise müßten Antworten auf diese Fragen Ausgangspunkte für eine Entscheidung über folgende methodische Probleme sein:

a) Übungsformen und deren Abfolge,
b) Aufbau einer Lektion,
c) Aufbau des Lehrwerksystems,
d) methodische Verfahren, Sozialformen und Medieneinsatz im Unterricht.

Da sich diese Punkte zur Zeit psycholinguistisch nicht ausreichend beantworten lassen, also eine lern-methodische Konzeption nicht möglich ist, haben wir uns für eine lehr-methodische Konzeption entscheiden müssen. Diese Konzeption geht nicht primär vom Lerner, sondern vom Unterricht und dem Lehrer aus und fragt, welche Wirkung Lehrverfahren und Lehrmaterialien auf den Lernerfolg haben. Der Nachteil dieses Vorgehens ist, daß man nicht genau weiß, warum bestimmte methodische Prinzipien erfolgreich sind oder nicht, und man deswegen bei deren Findung auf den Zufall oder auf heuristische Quellen wie die eigene Lehrerfahrung, die Diskussion mit Lehrerkollegen und Fachberatern und die fremdsprachen-methodische Tradition angewiesen ist. Es kommt hinzu, daß unterrichtswissenschaftliche Forschungen über die Wirkung von Lehrverfahren methodisch äußerst schwierig und deshalb wenig verläßlich sind. Denn die einzelnen Faktoren, die Unterricht beeinflussen, sind so zahlreich, daß man sie nicht isolieren kann, also nicht entscheiden kann, welche für eine positive oder negative Wirkung verantwortlich sind.

Bei unserer methodischen Konzeption haben wir zwei grundsätzliche methodische Prinzipien unterschieden, die sich gegenseitig ergänzen:

a) das kommunikativ-synthetische Prinzip und
b) das analytisch-korrektive Prinzip.

Beiden Prinzipien liegt die Annahme zugrunde, daß Sprachen-Lernen ein kognitiver und kein ausschließlich imitativer Prozeß ist. Denn eine Sprache zu lernen, bedeutet nicht einfach eine Menge von Sätzen auswendig zu lernen, sondern Regeln zu erwerben, mit denen man die Sätze einer Sprache bilden und gebrauchen kann. Regeln aber sind nur kognitiv und nicht durch Imitation erwerbbar.

3.1 Das kommunikativ-synthetische Prinzip im Kursbuch

Wenn wir unsere lehr-methodische Konzeption als kommunikativ-synthetisch bezeichnen, dann meinen wir damit das folgende generelle Prinzip: Alle Verfahren, Techniken, Sozialformen, Phasen, Übungstypen und -abfolgen sowie Medieneinsätze sollen so beschaffen sein, daß Sprache nicht nur präsentiert und die Bildung *einzelner, isolierter* sprachlicher Mittel erklärt und geübt werden, sondern so, daß mit diesen Mitteln Kommunikation im Unterricht vorbereitet, simuliert werden und stattfinden kann.

Voraussetzung dafür ist der Verzicht auf einen starren Phasenablauf im Unterricht nach dem Schema:

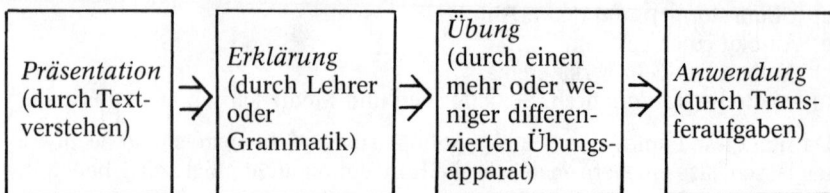

Präsentation (durch Textverstehen)	→	*Erklärung* (durch Lehrer oder Grammatik)	→	*Übung* (durch einen mehr oder weniger differenzierten Übungsapparat)	→	*Anwendung* (durch Transferaufgaben)

Denn dieses Phasenmodell läßt in seiner starren Form simulierte oder echte Kommunikation im Kursunterricht eigentlich nur in der Anwendungsphase zu, beschränkt die Präsentationsphase auf rezeptives Verstehen und übt lediglich isolierte sprachliche Mittel außerhalb eines Kommunikationszusammenhangs. Außerdem haben in diesem Schema die Texte, Übungen und Aufgaben immer nur eine einzige methodische Funktion, nämlich entweder Präsentation, Übung oder Anwendung.

In „Themen" haben wir das eben vorgestellte Phasenschema deshalb durch folgendes ersetzt:

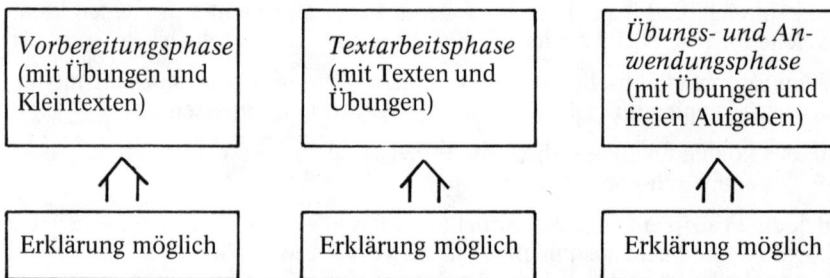

Vorbereitungsphase (mit Übungen und Kleintexten)	*Textarbeitsphase* (mit Texten und Übungen)	*Übungs- und Anwendungsphase* (mit Übungen und freien Aufgaben)
⬆	⬆	⬆
Erklärung möglich	Erklärung möglich	Erklärung möglich

Die Präsentationsphase wurde ersetzt durch eine Vorbereitungsphase, in der grundlegende Lexik und Redemittel aus der Textarbeitsphase durch kommunikative Übungen und leichtere Texte mit Übungen zwar auch präsentiert, aber gleichzeitig auch rezeptiv und produktiv verfügbar gemacht werden. Die Übungen sind insofern kommunikativ-synthetisch, als sie die Bildung der Redemittel nicht losgelöst vom Verwendungszusammenhang einüben, sondern ihnen einfache kommunikative Tätigkeiten im Kommunikationsort „Klassenzimmer" zugrundeliegen, die die Lerner in ihrer tatsächlichen Rolle als Kursteilnehmer ausführen. Der methodische Sinn dieser Phase liegt darin, daß sie die folgende Textarbeitsphase vorbereitet und entlastet. Diese Textarbeitsphase enthält vor allem komplexe Sprechtexte, aber auch Hör- und Lesetexte, die auf den in der Vorbereitungsphase verfügbar gemachten Redemitteln aufbauen, aber über diese in unterschiedlichem Maße hinausgehen und insofern auch Präsentationscharakter haben. Sie sind verbunden mit Übungen zur Hör- und Lesefertigkeit, vor allem aber zur Sprechfertigkeit. Insbesondere die Sprechtexte haben keine reine Präsentationsfunktion; sie dienen vorrangig als Vorlagen zu simulierter Kommunikation im Rollenspiel, sind also gleichzeitig kommunikative Übungen. An die Textarbeitsphase, die zu simulierter Kommunikation führt, schließt sich eine vertiefende Übungs- und Anwendungsphase an, die durch Übungen und in Aufgaben Kommunikation ermöglichen soll. Eine abgelöste Erklärungsphase ist in diesem Phasenmodell nicht vorgesehen. Denn lexikalische, grammatische und semantische Erklärungen sollen immer dann gegeben werden, wenn sie notwendig sind, insbesondere in der Vorbereitungs- und Textarbeitsphase.

Bei den skizzierten methodischen Phasen zum Aufbau der Kommunikationsfähigkeit sind wir uns bewußt, daß simulierte Kommunikation im Klassenzimmer im strikten Sinne meistens nicht echt ist. Auch simulierte Kommunikation (z. B. im Rollenspiel) findet nicht unter realen Bedingungen statt, sondern weicht unter dem Einfluß der spezifischen Kommunikationsbedingungen der Unterrichtssituation in wesentlichen Punkten von realer Kommunikation ab. Wirklich echte Kommunikation ist nur die unmittelbare Kommunikation im Klassenzimmer selbst. Wir haben deshalb viele Übungen, vor allem in der Vorbereitungsphase, an diese natürlich gegebene Kommunikationsform gebunden und nicht immer künstlich in fiktive Alltagssituationen eingebettet. Der Vorteil ist, daß bei diesen Übungen der Lerner nicht zusätzlich mit Rollenschemata belastet wird, in die er sich erst hineindenken müßte.
Die thematische Orientierung der Lektionen entspricht der kommunikativ-synthetischen Konzeption des Kursbuches. Denn alle Übungen und Texte sind in einen einheitlichen, thematisch-inhaltlich bestimmten Kommunikationszusammenhang eingebettet, der für Lerner sehr leicht erkennbar ist.

3.2 Das analytisch-korrektive Prinzip im Arbeitsbuch

Während im Kursbuch methodisch die Übungen zur Bildung, vor allem aber zum Gebrauch von Redemitteln im Textzusammenhang und unter komplexen Kommunikationsbedingungen im Vordergrund stehen, werden in den Übungen im Arbeitsbuch insbesondere die Bildung (Morphologie, Syntax, Wortbildung) und der Gebrauch bzw. die Bedeutung (Semantik, Pragmatik und Lexik) einzelner Wörter und Sätze entweder isoliert oder in sehr einfachen Situations- und Textzusammenhängen geübt. Das methodische Prinzip ist hier nicht kommunikativ-synthetisch, sondern analytisch-korrektiv. „Analytisch" soll hier bedeuten: Der Lerner übt bewußt (und nicht imitierend) Bildung und Gebrauch *einzelner* Redemittel. Die Übungen sind deshalb im Gegensatz zu den kommunikativen Übungen korrektiv, d. h. es ist für den Lerner durch einen Schlüssel entscheidbar, was sprachlich richtig bzw. angemessen und was falsch bzw. unangemessen ist. Dagegen ist in kommunikativen Übungen, je mehr sie Kommunikation simulieren oder sind, Korrektur nur sinnvoll, wenn Fehler in Gebrauch und Bildung der Redemittel die Kommunikation gefährden oder später soziale Sanktionen auslösen. Denn im Vollzug von Kommunikation liegt der Focus des Lerners nicht so sehr auf der richtigen Bildung und dem richtigen Gebrauch *einzelner* Wörter oder Sätze, sondern auf der kommunikativ erfolgreichen Verwendung der Redemittel in komplexen Text- und Situationszusammenhängen.

Während kommunikative Übungen nur im Unterrichtszusammenhang technisch möglich sind, sind Übungen zur Bildung und zum Gebrauch einzelner Wörter oder Sätze auch vom Lerner selbst durchführbar. Mit dem Arbeitsbuch können die Lerner im Gegensatz zum Kursbuch selbständig arbeiten, da ein Schlüssel zur Verfügung steht und die Übungen unter anderem unter dem Selbstlerngesichtspunkt entworfen wurden. Die Lerner sind so in der Lage, einzelne Stunden selbständig vor- oder nachzubereiten und, zusammen mit dem Kursbuch und einem Glossar, einzelne versäumte Stunden nachzuholen.

Im Kursunterricht werden die Arbeitsbuch-Übungen in Zusammenhang mit den Erklärungsphasen verwendet. Sie dienen dazu, wichtige einzelne lexikalische, grammatische und semantisch/pragmatische Aspekte der Bildung und des Gebrauchs von Sprache analysierend zu üben. Entsprechend dieser drei Aspekte gliedern sich die Übungen in:

a) Wortschatz-Übungen (WS),
b) Grammatik-Übungen (GR) und
c) Bedeutungs-Übungen (BD).

Dabei wurden die semantischen und pragmatischen Aspekte unter dem Begriff Bedeutung zusammengefaßt, da sie zwar linguistisch unterscheidbar sind, aber im Übungszusammenhang meist zusammenfallen. Diese Gliederung hat vier Vorteile:

a) Die Übungen können progressiv aufeinander aufbauen: von der Bildung und dem Gebrauch einzelner Wörter (Wortschatz), über die Bildung (Grammatik) und den Gebrauch (semantischer Aspekt der Bedeutung) einzelner Sätze zum Gebrauch dieser Sätze in einfachen Situations- und Textzusammenhängen (pragmatischer Aspekt der Bedeutung).
b) Sie macht die Lernziele der einzelnen Übungen transparenter.
c) Sie erleichtert den Einsatz der Übungen im Kurs.
d) Sie stellt die verschiedenen linguistischen Aspekte einer Sprache gleichberechtigt nebeneinander.

Eine Besonderheit stellen die Grammatikübungen mit dem Titel „Ihre Grammatik" im Arbeitsbuch dar. Mit Hilfe dieser Übungen lernen die Lerner die Grammatik des Kursbuches anzuwenden, d. h. die Morphologie, aber vor allem die Syntax der deutschen Sprache analysierend zu verstehen. Über den Einsatz dieser Übungen in den Erklärungsphasen im Kurs oder im Selbstunterricht wird so eine funktionale Integration der Grammatik in den Lernprozeß erreicht und die Grammatik erst wirklich zu einer Lerngrammatik.

3.4 Das Lehrwerksystem

Das Lehrwerksystem von „Themen" ist auf *drei Bände* hin angelegt. Band 1 und 2 führen zum „Grundbaustein Deutsch als Fremdsprache" (etwa 60%–70% der Anforderungen des Zertifikats), Band 3 zum „Zertifikat Deutsch als Fremdsprache".

Die Teile des Lehrwerks gliedern sich in zwei Typen von Materialien:

a) Materialien für den Kursunterricht
   - Für Kursleiter und Lerner: Kursbuch Band 1, 2 und 3
   - Cassetten zum Kursbuch Band 1, 2 und 3
   - Für Kursleiter Folienprogramm zu Band 1/2
   - Hörverstehensprogramm mit Begleitheft
   - Kommunikatives Materialienbuch zu Band 1/2 und
   - Lehrerhandbücher zu Band 1, 2 und 3.
b) Weitere Materialien für die Lerner
   - Arbeitsbuch zu Band 1, 2 und 3
   - Cassetten zum Kursbuch Band 1, 2 und 3 (vgl. auch oben unter a)
   - Beihefte (Glossare mit grammatischen und lexikalischen Erläuterungen) zu Band 1 und 2.

Die *Cassetten* zum Kursbuch enthalten die Aufnahmen aller Sprechtexte, Hörverstehenstexte und der dialogischen Texte aus Teil C jeder Lektion.

Das *Folienprogramm* ist keine bloße Reproduktion von Elementen aus dem Kursbuch, sondern bietet ergänzende, kommunikative Übungen für den Kursunterricht und stellt ein eigenständiges Übungsprogramm dar.

Das *Hörverstehensprogramm* erweitert das Angebot von Hörverstehenstexten im Kursbuch und trainiert systematisch das Hörverstehen.

Das *Kommunikative Materialienbuch* enthält in Form von Kopiervorlagen alle möglichen Formen von Materialien, die geeignet sind, Kommunikation vorzubereiten, zu simulieren und zu initiieren: z. B. Bildkarten, Rollenkarten, Lernspiele usw.

Die Kursbücher und Arbeitsbücher sind auch in einer ungekürzten zweibändigen Ausgabe erhältlich.

4. Die grammatische Konzeption:
Ein neuer Ansatz zur didaktischen Beschreibung der deutschen Grammatik

4.1 Die Notwendigkeit einer didaktischen Grammatik

In den letzten Jahren hat die Erforschung der grammatischen Strukturen der deutschen Sprache wichtige neue Ergebnisse gebracht, die auch Eingang in die Didaktik des Deutschen als Fremdsprache gefunden haben. So hat sich zum Beispiel die *Dependenz-Valenz-Grammatik* als besonders geeignet für die Beschreibung der deutschen Sprache erwiesen, weil sie besser als andere Modelle der komplexen Struktur der deutschen Verbvalenzen gerecht wird. Andererseits kann eine didaktische Grammatik nicht einfach in einer reduzierten theoretischen Grammatik bestehen. Nicht die Komplexität allein ist das Problem der didaktischen Grammatik, sondern sie muß z. T. auf ganz andere Fragestellungen Antworten geben als die theoretische Grammatik:

- Sie muß nicht nur der systematischen Struktur der Zielsprache Rechnung tragen, sondern auch insbesondere den *wahrnehmungspsychologischen, lernpsychologischen, lerntechnischen* und im vielfältigsten Sinn *menschlichen Faktoren des Fremdsprachenlernens.*
- Sie muß Regeln finden, die zur *Produktion von richtigen Äußerungen* in Abhängigkeit von der jeweiligen Sprecherkonstellation und dem jeweiligen Äußerungsbedürfnis anleiten. Sie muß also auf die Frage antworten: „Wie muß ich mich sprachlich verhalten, um meinem Gegenüber mein Anliegen klar zu machen?"
- Sie muß andererseits auch dem Lerner geeignete Verfahren bereitstellen, damit er die rein *rezeptiv zu beherrschenden Strukturen* begreift. Die Frage lautet dann: „Welche Hilfen habe ich, welche Verfahren kenne ich, die mir das Verständnis dieser Textstelle erschließen?"
- Sie muß dem Lerner praktische, schnell einsehbare Mittel an die Hand geben, um einen möglichst großen *Transfer* einer gelernten Struktur auf andere Sprechsituationen und -bedürfnisse zu ermöglichen. Sie muß also auf die Frage antworten: „Wie kann ich das gerade Gelernte behalten, abwandeln oder erweitern, um es in einem anderen Zusammenhang zu gebrauchen?"
- Da der Lerner einer Fremdsprache niemals zu einer völligen Beherrschung des gesamten Sprachsystems gelangen wird, muß eine Auswahl getroffen werden. Der Stellenwert bestimmter Strukturen kann unterschiedlich gewichtet werden. Manche Strukturen sind z. B. sehr fruchtbar, d. h. es ist gedächtnispsychologisch günstiger, sich eine einfache, *abstrakte Regel* zu merken, um nach ihrer Anweisung bei Bedarf die richtige Äußerung zu

produzieren. Andere Regelmäßigkeiten erstrecken sich nur auf wenige gleichgeartete Fälle, so daß es günstiger ist, sich *4 oder 5 Beispiele* zu merken, anstatt einer abstrakten Regel. Die entsprechende Frage lautet also: „Wie kann ich mir das Gelernte am besten/am einfachsten merken, damit ich es nicht vergesse?"

– Eine didaktische Grammatik muß möglichst einfache, immer wiederkehrende Darstellungsformen und Begriffe wählen und *auf vorher gelernten Phänomenen aufbauen,* um sie für das Verständnis des Neuen nutzbar zu machen, also auf die Frage antworten: „Wie paßt das, was ich gerade gelernt habe, zu dem, was ich schon vorher gelernt habe?"

Diesen Voraussetzungen trägt die Konzeption der Grammatik in „Themen" Rechnung. Sie folgt zwar in ihrer Grundlegung weitgehend der *Dependenz-Verb-Grammatik,* berücksichtigt aber auch *textgrammatische* und *sprachpsychologische Erkenntnisse,* weil die Kenntnis der Verbstrukturen allein nicht ausreicht, kontextangemessene richtige Äußerungen zu produzieren.

4.2 Syntaktische Strukturen: Das Verb als strukturelles Zentrum des Satzes

Kernelement eines Satzes und damit wichtigstes Element der Äußerungsabsicht (wichtigste Information) ist *das Verb mit seinen Ergänzungen.* Diese haben ihrerseits unterschiedlichen Rang in der *Gewichtung der Information,* sofern nicht besondere Kontextbedingungen (Ausräumung von Mißverständnissen, Aufbau eines Gegensatzes zu einer anderen Äußerung usw.) vorhanden sind. Wenn z. B. jemand den Satz sagt:

„Ich möchte Klaus gern ein Buch schenken",

und der Zuhörer hat (etwa wegen einer starken Geräuschkulisse) nur die Wörter verstanden:

" . . . ein Buch schenken",

so hat er mehr Information, als wenn er nur die Wörter „ich" oder „Klaus" oder „gern" oder „ich möchte Klaus" verstanden hätte. Das Subjekt (oder Nominativergänzung) „ich" und die Dativergänzung „Klaus" haben also in diesem Satz einen geringeren *Mitteilungswert* als die Akkusativergänzung „ein Buch". Der Satz trägt dem auch insofern Rechnung, als die Ergänzung „ein Buch" betont ist (den Satzakzent trägt). Ein anderes Wort in diesem Satz könnte nur dann besonders betont sein (d. h. einen Kontrastakzent tragen), wenn es im Gegensatz zu einer anderen Äußerung stünde, z. B.:

„Ich möchte *Klaus* gern ein Buch schenken, nicht *Gisela.* "

Die Art der Ergänzung wird durch das gewählte Verb bestimmt. „Schenken" z. B. hat obligatorisch eine Akkusativergänzung und eine Nominativergänzung (Subjekt). Die Dativergänzung ist nicht immer notwendig, sondern hängt von bestimmten Äußerungsbedürfnissen des Sprechers ab. Das Wort „gern" im obigen Beispiel ist keine Ergänzung, sondern eine (freie) *Angabe*, die ebenfalls vom jeweiligen Äußerungsbedürfnis abhängt.

Das Verb mit seinen Ergänzungen (die Verbvalenz) ist in erster Linie für die Struktur eines Satzes verantwortlich. Es entfaltet einen bestimmten *„Satzbauplan"*. Die deutsche Sprache hält eine große Anzahl möglicher Satzbaupläne bereit (vgl. Zertifikat Deutsch als Fremdsprache, S. 113 ff.). Sie alle zu lernen, dürfte dem Lerner Schwierigkeiten bereiten, da ihre Übertragbarkeit auf andere Verben nicht ohne weiteres durchsichtig ist. Die syntaktischen Grammatikübersichten des Lehrwerks „Themen" stellen daher ein *Grundmuster des deutschen Satzbaus* zur Verfügung, das für nahezu alle Satzbaupläne gilt. Es wird im Laufe der Progression des Lehrwerks erweitert, wenn neue Satzelemente dazukommen, aber nicht in seiner Grundstruktur verändert.

4.3 Die Leerstellensyntax: Ein Grundschema des deutschen Satzbaus

Neben der Einsicht, daß *das Verb der strukturelle Mittelpunkt* des Satzes ist, fußt die vorliegende Syntax-Konzeption auf einer Erkenntnis, die im Ansatz bereits lange bekannt ist, nämlich daß die lineare Satzkonstruktion des Deutschen *strukturelle Felder* bereithält, die nach bestimmten Gegebenheiten besetzt werden können oder müssen: Vorfeld, Mittelfeld und Nachfeld. Dieser Ansatz ist aber erst in letzter Zeit dahingehend erweitert und spezifiziert worden, daß der deutsche Satz eine *feste Folge funktionaler Leerstellen* beinhaltet, die sich z. T., aber nicht ausschließlich, mit den herkömmlichen Begriffen der Satzteile beschreiben lassen. Die Leerstellen wiederum werden je nach der Valenz des Verbs, den spezifischen Kontextgegebenheiten und den Äußerungsbedürfnissen in der konkreten sprachlichen Äußerung aufgefüllt. Dieser Begriff einer *„Leerstellen-Syntax"* soll im folgenden kurz erläutert werden.

Seit langem wird in der Deutschdidaktik der Begriff des *Satzrahmens* (oder der Satzklammer) verwendet. In dem obigen Beispiel „Ich möchte Klaus gern ein Buch schenken" wird dieser gebildet durch das konjugierte Modalverb „möchte" und den von ihm abhängigen Infinitiv „schenken":

Ich 〉möchte Klaus gern ein Buch schenken. 〉

Dieser Ansatz wird in der vorliegenden Konzeption erweitert, indem die *erste* (wichtigste oder obligatorische) *Ergänzung des Verbs* mit zum *strukturellen Kern* des Satzes gerechnet wird (zum Problem Verb ohne obligatorische Ergänzung vgl. S. 26: „Ich komme morgen"):

Ich 〉möchte Klaus gern ein Buch 〉〉schenken. 〉

24

Der Vorteil liegt darin, daß jeder beliebige Satz auf *das gleiche Grundschema* zurückgeführt werden kann, auch wenn z. B. der zweite Teil der Verbklammer leer ist:

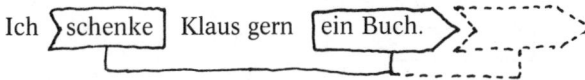

Ich ⟩schenke | Klaus gern [ein Buch.⟩⟩   ⟩

Damit wäre auch knapp erläutert, was unter „Leerstelle" zu verstehen ist: Ein Platz innerhalb des Satzes, der unter bestimmten Umständen durch ein Wort/ eine Wortgruppe besetzt werden muß. Beide Sätze gründen sich auf die Valenz des Verbs „schenken", insbesondere auf das Verb und seine erste (obligatorische) Ergänzung:

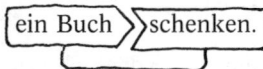

[ein Buch ⟩⟩schenken.|

4.4 Leerstellen für das Verb

In der linearen Abfolge von Elementen, die der deutsche Satzbau bereithält, finden sich also *zwei funktionale Stellen,* an denen das *Verb* stehen kann:
1. als *konjugiertes Verb im Hauptsatz:*

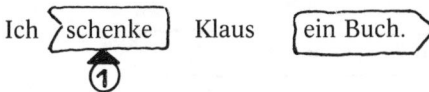

Ich ⟩schenke | Klaus [ein Buch. ⟩
①

2. als *infinite Form im Hauptsatz,* die von einem Hilfsverb abhängig ist, das an der Stelle für das konjugierte Verb steht, oder als *finite Form im Nebensatz:*

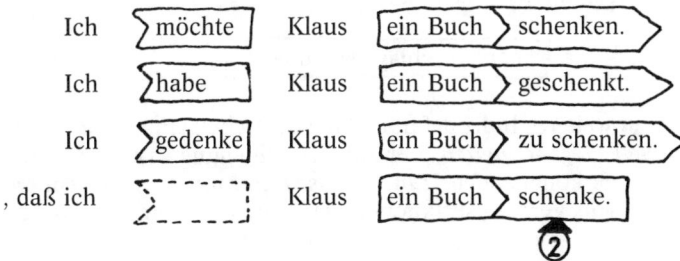

Ich ⟩möchte / Klaus [ein Buch ⟩ schenken. ⟩

Ich ⟩habe \ Klaus [ein Buch ⟩ geschenkt. ⟩

Ich ⟩gedenke| Klaus [ein Buch ⟩ zu schenken. ⟩

, daß ich ⟩ ¡ Klaus [ein Buch ⟩ schenke.
②

Wie hier deutlich wird, bietet es sich an, alle Sätze auf der Grundlage desselben Schemas zu erklären. Logischerweise ist dann anzunehmen, daß im letzten Satz zwischen den Wörtern „ich" und „Klaus" eine *„Leerstelle"* besteht, die deshalb nicht besetzt ist, weil das entsprechende Element „schenke" wegen des Nebensatzzwangs die zweite Leerstelle für die Kategorie „Verb" ausfüllt.

4.5 Leerstellen für die obligatorische Ergänzung

Ebenso hält das Muster eine Leerstelle *„obligatorische Ergänzung"* bereit, selbst, wenn das Verb außer dem Subjekt keine weitere Ergänzung hat:

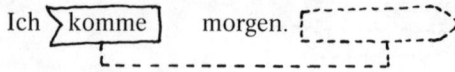

Ich >komme | morgen. ⌐‾‾‾‾‾‾‾‾‾⌐>

Denn das gleiche Verb kann auch in einer anderen Valenz auftreten:

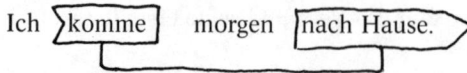

Ich >komme | morgen |nach Hause. >

An diesem Beispiel wird außerdem deutlich, warum in der vorliegenden Konzeption, anders als in der reinen Valenzgrammatik, der Begriff *„Subjekt"* statt *„Nominativergänzung"* verwendet wird: Es ist zwar ein Teil der Verbvalenz, hat aber einen anderen syntaktischen Stellenwert als andere Ergänzungen, denn es steht jeweils im *direkten Umfeld der ersten Leerstelle für „Verb".* Eine Ausnahme bilden nur bestimmte Konstruktionen, die ein funktionales Ersatzsubjekt bilden („es"), wo das Subjekt die Stelle „obligatorische Ergänzung" ausfüllt, etwa im unpersönlichen Passiv:

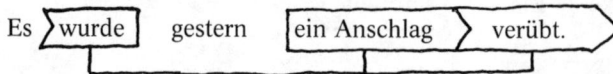

Es >wurde | gestern |ein Anschlag > verübt. >

In diesem Satz sind die Wörter „ein Anschlag" aber nur formal als Subjekt zu betrachten, da die Grundstruktur der Valenz des betreffenden Verbs sie eindeutig als *Akkusativergänzung* ausweist:

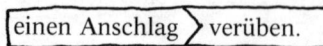

|einen Anschlag > verüben. |

Dies Beispiel ist ein weiteres Indiz dafür, daß die deutsche Syntax sich durchaus an *inhaltlichen Gegebenheiten,* der Art der Mitteilung bzw. der in der Valenz zum Ausdruck kommenden *Handlungsstruktur des Verbs* orientiert, was für das Lernen von Verbkonstruktionen berücksichtigt werden muß.

4.6 Leerstellen für das Subjekt und die freien Angaben

Es ist ein weiteres Charakteristikum der deutschen Syntax, daß neben den zwei strukturellen Leerstellen für die Kategorie „Verb" auch *zwei Leerstellen für „Subjekt"* bestehen. Bestimmte Kontextphänomene erfordern, daß das Subjekt nicht vor, sondern hinter das konjugierte Verb gestellt wird, so z. B. die Satzfrage:

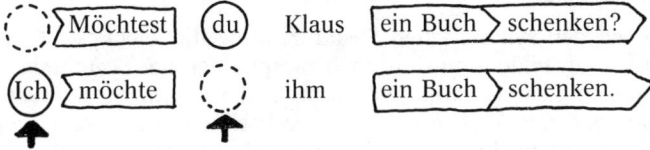

Wenn die Frage durch ein Fragewort eingeleitet wird oder wenn ein anderes Satzelement (z. B. zur Hervorhebung) vorangestellt wird, tritt ebenfalls das Subjekt hinter das Verb:

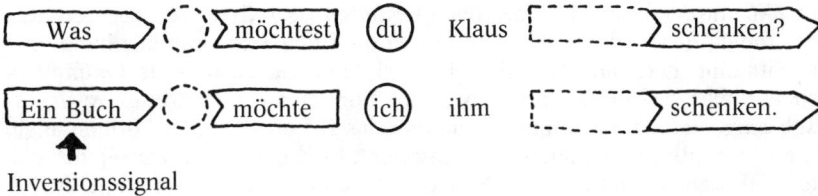

Inversionssignal

Die Stellung des Subjekts hinter dem Verb wird „*Inversion*"genannt. Sofern dafür die Voranstellung eines Satzelements verantwortlich ist, wird dieses hier „*Inversionssignal*" genannt. In den obigen Beispielen wird auch deutlich, daß ein Inversionssignal an einer anderen Stelle des Satzes, an der es in der Normalstellung stünde, eine Leerstelle offenläßt.

In das Satzmuster kann noch eine *freie Angabe* integriert werden:

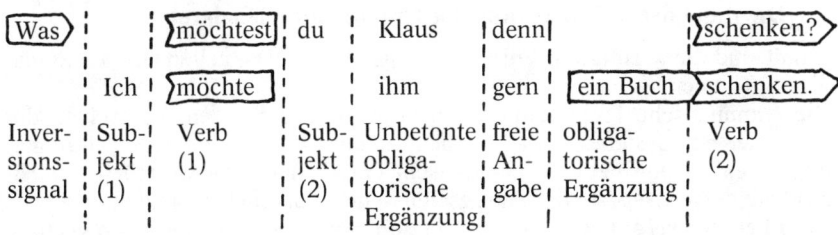

Inver-sions-signal	Sub-jekt (1)	Verb (1)	Sub-jekt (2)	Unbetonte obliga-torische Ergänzung	freie An-gabe	obliga-torische Ergänzung	Verb (2)

Mit diesem Strukturmuster der deutschen Syntax werden alle syntaktischen Strukturen abgedeckt, die in „Themen 1" *aktiv* gelernt werden. Das sind die Strukturen, die dem Lerner *produktiv*, d. h. zur Erzeugung eigener Sätze zur

Verfügung stehen. In Lesetexten gehen zwar manche Satzstrukturen darüber hinaus, diese sollen jedoch nur *rezeptiv* vermittelt werden. Eine Erweiterung des Schemas (genauere Regelmäßigkeiten innerhalb der strukturellen Leerstellen, das Phänomen der „Ausklammerung", die weitere textliche Verkettung von Sätzen usw.) wird in Band 2 und 3 vorgestellt.

4.7 Morphologische Strukturen

Neben den syntaktischen Strukturen, die die wichtigste Grundlage für eine Äußerung bilden, müssen auch morphologische Strukturen gelernt werden. Diese sind einmal *paradigmatisch,* d. h. als *kontextloses System* zu erlernen. So haben z. B. Verben mit Vokalwechsel Gemeinsamkeiten mit anderen Verben, die nicht durch den Kontext bestimmt sind, sondern durch die „Konjugationsklasse". In diesen Fällen reicht die vergleichende Auflistung der Formen, da sie auswendig gelernt werden müssen. Die Entscheidung jedoch, wann eine bestimmte morphologische Form gebraucht werden muß, richtet sich nach dem *Satz-* oder *Textzusammenhang:* So wird z. B. die Kongruenz von Subjekt und Verb auf der Satzebene bestimmt. Der Gebrauch des definiten oder indefiniten Artikels aber ist immer durch den Textzusammenhang oder die Situation determiniert (vgl. Lektion 3). Für die didaktische Grammatik bedeutet dies, daß diese morphologischen Formen auch *im Kontext systematisch dargestellt* werden müssen, da hier das Beherrschen der Formen allein für einen richtigen Gebrauch nicht ausreicht. Es bedeutet darüber hinaus, daß die didaktische Grammatik die Bezüge zum Kontext bzw. die Funktionalität im syntaktischen Zusammenhang bereits in der *Terminologie* erkennen lassen muß. Aus diesem Grund wird im vorliegenden Lehrwerk z. B. der Begriff des „Possessivartikels" gewählt, weil die Wörter „mein, dein, sein, ihr . . ." sowohl alle *morphologischen Merkmale* eines Artikels, als auch die *satzfunktionalen Merkmale* tragen (sie stehen an der gleichen Stelle wie die Artikel und üben die gleichen Zwänge für die Flexion des attributiven Adjektivs aus wie die Artikel (vgl. Bd. 2).

4.8 Die didaktische Darstellung der Grammatik: Signalgrammatik

Damit sind die wichtigsten Voraussetzungen für die Darstellung der Grammatik in „Themen" genannt.
Die grammatische Progression ist so konzipiert, daß jedem Lernschritt der Lektionen eine *systematische Übersicht* zu dem in ihm behandelten Grammatikproblem zugeordnet ist. Grammatische Paradigmen sind, wo möglich, nicht auseinandergerissen, sondern im geschlossenen Überblick behandelt. Wo Teile eines Paradigmas auf verschiedene Lektionen verteilt werden mußten, werden diese möglichst bald komplettiert. Auf diese Weise wird eine „Häppchen-Grammatik" vermieden, die nur zufällig sich aus einem Text ergebende isolierte Grammatikphänomene aufgreift und den Lerner ratlos vor eine Unzahl von Einzelbeobachtungen stellt.

Die Grammatik benutzt unter Berücksichtigung der obengenannten Strukturmuster und Notwendigkeiten der kontextuellen Darstellung ein *signalgram-
matisches Verfahren*, das die Produktionsorientierung der Lernergrammatik
unterstützt. Dabei werden z. B. in bestimmter Weise definierte Farben, Einrahmungen und Unterstreichungen verwendet, die immer in der gleichen Funktion wiederkehren. Das Verständnis der neuen Strukturen wird weiterhin
erleichtert, indem durch Hinweise am Rand auf bereits gelernte Strukturen
verwiesen wird, auf denen die neuen aufbauen. Grammatikübungen in den
Arbeitsbüchern sind den Grammatikabschnitten direkt zugeordnet, so daß
letztere auch der *Überprüfung* und *Weiterübung* zu Hause oder im Selbstunterricht dienen. Dabei wurden die produktionsorientierten Darstellungsformen
der Grammatikseiten ins Arbeitsbuch übernommen, um eine größtmögliche
Identifizierung des Gelernten zu gewährleisten.

„Regeln" im herkömmlichen Sinn werden im allgemeinen nicht abstrakt formuliert, sondern als die strukturelle Gemeinsamkeit der dargestellten Beispiele
visuell markiert. Dabei sind, wo immer möglich, keine isolierten Beispielsätze
gewählt, sondern jeder Grammatikabschnitt – besonders die syntaktischen
Übersichten – stellt einen kleinen sinnvollen Text dar, der insbesondere die
Kontextzwänge berücksichtigt und für das Verständnis der neu erworbenen
Struktur nutzt. Zusätzliche Hinweise zu den einzelnen Übersichten werden für
den Lehrer im Lehrerhandbuch bei der Behandlung der entsprechenden Lektionsteile gegeben.

5. Methodische Hinweise zur Arbeit mit den Grammatikübersichten in „Themen 1"

5.1 Allgemeine Grundsätze

Die Grammatikübersichten ermöglichen das Einschalten *kognitiver Lernpha-
sen* in den Unterricht, d. h. Phasen, in denen die kommunikativen und üben-
den Tätigkeiten der Lerner unterbrochen werden, um strukturelle Besonder-
heiten der Sprache bewußt zu machen, zu erklären und zu verstehen. Dabei
sollte grundsätzlich das *induktive Verfahren* gewählt werden. Dies bedeutet,
daß auch in der Grammatikarbeit dem *„entdeckenden" Lernen* der Vorzug
gegeben wird. Der Vorteil liegt darin, daß die Lerner eine Regelmäßigkeit der
deutschen Sprache selbst entdecken und anhand einer systematischen Zusammenstellung von Beispielen verstehen.

Eine systematische Grammatikarbeit sollte also im allgemeinen erst dann erfolgen, wenn das entsprechende Grammatikphänomen bereits in einem Text oder
einer Übung in probierender Weise im sprachlichen Zusammenhang angewendet wurde und so ein *Vorverständnis* hergestellt wurde, das eine Hypothese
über das Funktionieren des entsprechenden Phänomens erlaubt. Dazu sind an

geeigneten Stellen im Kursbuch Hinweise auf die Grammatikübersichten (☞) im Anhang angebracht. Wo eine Regel bereits während des Übens unausgesprochen beachtet oder erkannt werden soll, ist diese durch einen kleinen Merkzettel mit Büroklammer angegeben. Diese Merkzettel sind Hilfen beim Sprechen, sollen aber nicht ausführlich im Unterricht erörtert werden.

Die Erarbeitung einer „Regel" geschieht am besten folgendermaßen:
– An geeigneter Stelle (wenn ein Text besprochen oder eine Übung beendet ist) schreibt der Lehrer ein oder mehrere *Beispiele* zu dem betreffenden Phänomen in geordneter Form an die Tafel oder auf den Overheadprojektor.
– Die Schüler suchen oder nennen *weitere Beispiele,* die so an der Tafel gesammelt werden, daß der *systematische Zusammenhang* mit den anderen Beispielen deutlich wird.
  Dabei sind *Unterstreichungen, Einrahmungen* und die Verwendung *verschiedener Farben* besonders hilfreich. Wo immer möglich, sollte man darauf achten, daß die Beispiele zusammen *einen kleinen Text* (Erzähltext oder Dialog) ergeben, weil dadurch die Kontextabhängigkeit bestimmter Formen (z. B. in Frage und Antwort, vgl. Kursbuch S. 141, 3b) deutlich und verständlich wird. Als Orientierung und Muster dienen dem Lehrer dabei die jeweils angegebenen Grammatikübersichten im Anhang, die aber in dieser Phase im allgemeinen noch nicht aufgeschlagen werden sollten.
– Nur wenn nötig, d. h. wenn dadurch das Verständnis erleichtert oder die Ableitung/der Transfer auf andere Phänomene ökonomischer gemacht wird, wird eine *Regel* formuliert oder ein Hinweis in Deutsch oder in der Muttersprache gegeben.
– Neue Strukturen sollten *auf der Grundlage bereits bekannter Phänomene* verständlich gemacht und aus ihnen abgeleitet werden. Dabei kann der Kurslehrer sich an den Rückverweisen in den Grammatikübersichten orientieren. Eine bekannte Struktur kann entweder am Anfang der Behandlung einer neuen stehen oder an deren Schluß, um die neue mit ihr zu vergleichen.
– Erst jetzt, nachdem das neue Phänomen „entdeckt" ist, sollte der *Grammatikanhang aufgeschlagen* werden. Die gemeinsam erarbeitete Darstellung wird mit der im Buch verglichen.
– Die Darstellungen im Grammatikanhang bieten sich im allgemeinen auch als Vorlagen für weitere, von Lehrer und/oder Schülern *spontan gebildete parallele Übungen* an, die nach demselben Muster im Kurs mit dem gerade oder bereits früher gelernten Wortschatz schnell durchgeführt werden können, z. B. Kursbuch S. 141, 3b:

„Was hast du denn bloß gemacht?"

„Ich habe Fußball gespielt.
Plötzlich bin ich gefallen.
Mein Bein hat sehr weh getan."

„Was haben Sie denn bloß gemacht?"

„Ich habe die Küche aufgeräumt.
Plötzlich bin ich gefallen.
Mein Arm hat sehr weh getan."
usw.

- Der Wert der Grammatikdarstellungen für die Schüler liegt vor allem darin, daß sie *zu Hause in Ruhe* noch einmal die gelernte Struktur durchgehen und nachvollziehen können. Dazu sollten sie auch jeweils besonders auf die Rückverweise aufmerksam gemacht werden.
- Im *Arbeitsbuch* finden die Lerner Übungen, die nach dem Muster der Grammatikübersichten im Kursbuch angelegt sind. In diesen Übungen vollziehen sie die Erarbeitung der Grammatik noch einmal aktiv nach, indem sie ihre „eigene" Grammatik schreiben.

Diese Form der Grammatikbehandlung ermöglicht eine *aktive Rolle der Lerner,* indem sie, zunächst durch probierenden Gebrauch der Strukturen und anschließende selbständige Erschließung einer Regelmäßigkeit, selbst ihr Grammatikverständnis aufbauen. In der Regel wird dies im Kurs dazu führen, daß auch in der Grammatikarbeit die Schüler im Laufe der Zeit und der Gewöhnung an dieses Vorgehen immer selbständiger und aktiver arbeiten.

5.2 Syntaktische und morphologische Übersichten

Die syntaktischen Übersichten sind in Form der *Leerstellen-Syntax* angelegt. D. h. jeder Satz ist eingeteilt in eine feste Folge von funktionalen Feldern, die nach bestimmten Regelmäßigkeiten besetzt werden oder nicht. Diese Felder sind farblich eindeutig identifiziert und in den ersten Lektionen zum besseren Verständnis begrifflich erläutert.
Die Syntaxübersichten, ebenso wie die morphologischen Übersichten, stellen nur die in Band 1 von den Schülern *aktiv zu beherrschenden Strukturen* dar. Weitergehende Regeln, z. B. über Ausklammerung oder Nebensatzstrukturen, sollten also möglichst nicht verlangt werden, da sie den Vorgang des aktiven Produzierens von Sätzen auf dieser Lernstufe behindern können. Andererseits können, wo das vom Lehrer als wünschenswert erachtet oder von Schülern verlangt wird, die Übersichten als Ausgangspunkt einer kurzen Erläuterung von komplizierteren Sätzen in Lesetexten dienen. Immer sollte aber dann der Hinweis erfolgen, daß die betreffende Struktur wohl *erkannt, nicht aber aktiv gelernt* werden soll.
Am Anfang der Syntax-Übersichten sind die jeweils vorkommenden *Verben mit ihrer obligatorischen Ergänzung* aufgeführt. Die Behandlung von Satzstrukturen soll immer auf der Valenz der Verben aufbauen. Diese muß also zunächst in einem gegebenen Beispielsatz ermittelt werden, was durch Fragewörter erleichtert wird (vgl. z. B. Lektion 1). *Ergänzung und Verb* werden immer *zusammen* aufgeführt. Dies hat einerseits einen gedächtnispsychologischen Vorteil, weil jeweils passende Ergänzungen und Verben gleichzeitig im

Gehirn gespeichert werden. Die Ergänzungen stehen dabei paradigmatisch für eine Reihe ähnlicher Einsetzungen (z. B. Kaffee trinken, Bier trinken, Milch trinken), die im Arbeitsbuch in entsprechenden Übungen aktiviert werden (vgl. z. B. Arbeitsbuch Inland, S. 34, 35 usw.). Andererseits nutzt diese Darstellung den Umstand aus, daß jede Verbstruktur im Infinitiv im Satz die zweite Leerstelle für die Kategorie „Verb" einnimmt. Spätestens ab Lektion 2 (vgl. KB S. 127, Nr. 3), wo der Satzrahmen bei einem Modalverb gezeigt wird, ist dem Lerner klar, daß das *Lernen der Infinitivstruktur Voraussetzung für die Bildung verschiedener Satzkonstruktionen* ist. Denn in einem Satz mit Modalverb werden obligatorische Ergänzung und Infinitiv in ihrer Grundform in den Satz integriert:

Die Infinitivkonstruktion:

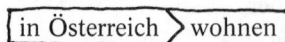

| in Österreich ❭ wohnen |

wird in den Satz integriert:

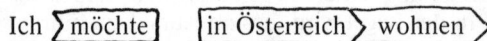

Ich ❭möchte | | in Österreich ❭ wohnen ❭

Von dieser Konstruktion aus läßt sich dann auch die Hauptsatzkonstruktion ohne Modalverb erklären:

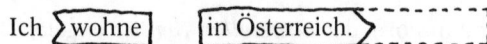

Ich ❭wohne | | in Österreich. ❭

Ergänzung und Verb sind durch *Einrahmungen* kenntlich gemacht. Die Pfeilspitzen geben nach dem „Baukastenprinzip" ihre jeweilige syntaktische Zuordnung an.
Die Darstellung der Leerstellensyntax zieht zwar auf den ersten Blick die Sätze in die Länge, jedoch ist schnell zu erkennen, daß z. B. Sätze mit unterschiedlicher Stellung eines Elements (z. B. in der Frage bzw. im Aussagesatz) das gleiche Grundschema haben.

Die syntaktischen Übersichten sind immer *von oben nach unten* zu lesen bzw. an der Tafel zu entwickeln, da sie im allgemeinen einen kleinen zusammenhängenden Text bilden. Dabei ist vor allem, wenn die Sätze gesprochen werden, auf eine *korrekte Intonation und Betonung* zu achten. Sofern nicht besondere Kontextzwänge (z. B. Ausdruck eines Gegensatzes zu einem anderen Satz) beachtet werden müssen, ist ein deutscher Satz immer auf die *obligatorische Ergänzung als Zielpunkt* hin ausgerichtet (vgl. das Beispiel auf S. 23; „ein Buch" ist das wichtigste Element in dem Satz: „Ich möchte Klaus gern ein Buch schenken."). Daher trägt die obligatorische Ergänzung den Satzakzent. Auf die korrekte Realisierung des Satzakzents ist bei der Grammatikarbeit besonders zu achten. Sie trägt wesentlich zum Verständnis der deutschen Satzkonstruktion und zum Lernen von Verbvalenzen bei.

Die morphologischen Übersichten sind ebenfalls so angelegt, daß *strukturelle Gemeinsamkeiten* einzelner Formen leicht erkennbar werden. Die variierenden Formen sind jeweils unterstrichen. Da der Gebrauch bestimmter grammatischer Formen (z. B. Artikel und Pronomen) nur aus dem Textzusammenhang erklärt werden kann, werden diese in einem kleinen Kontext präsentiert. Das bloße Auswendiglernen der Artikelformen z. B. hat keinen Sinn, wenn man nicht weiß, unter welchen Bedingungen sie verwendet werden müssen. Deshalb sind die Darstellungen drucktechnisch so angeordnet, daß die verschiedenen Formen sofort ins Auge springen und ihre morphologischen Unterschiede und Gemeinsamkeiten leicht identifiziert werden können. Gleichzeitig stehen sie in einem kleinen *Satzzusammenhang,* der ihre unterschiedliche Funktion verdeutlicht (vgl. z. B. KB S. 128).

Häufig ist ein Grammatikphänomen sowohl unter syntaktischem, als auch unter morphologischem Gesichtspunkt dargestellt. Der Akkusativ z. B. muß einerseits vom Formenbestand her gelernt werden, andererseits müssen auch seine Satzfunktionen (als Akkusativergänzung) klargemacht werden (vgl. KB S. 130).

6. Aufbau einer Lektion

Man weiß seit langem, daß Lehrmaterialien das bestimmende Element im Unterricht sind. Sie steuern vor allem das Übungsgeschehen und den Phasenverlauf im Unterricht. Ein wesentlicher Teil dieser Steuerung geschieht durch den Aufbau einer Lektion. Insofern ist dies ein wichtiger Punkt für die Konzeption eines Lehrwerks. Grundsätzlich gibt es zwei Möglichkeiten, eine Lektion zu gliedern:

a) Die *systematische* Gliederung nach dem Baukastenprinzip. Dieses Prinzip teilt eine Lektion in einzelne Abschnitte, die jeweils Materialien des gleichen Typs enthalten, z. B. Abschnitt I: Texte, II: Übungen, III: landeskundliche Informationen und IV: Grammatik. Diese Gliederung hat den Vorteil großer Flexibilität. Der Lehrer kann aus jedem Abschnitt Teile herausgreifen und für seinen Unterricht speziell zusammenstellen. Allerdings sind aus progressionalen und methodischen Gründen insbesondere bei Anfängerlehrwerken die Kombinationsmöglichkeiten beschränkt. Ein großer Nachteil dieser Gliederung ist der Aufwand, der für die Unterrichtsvorbereitung notwendig ist. Denn die Gliederung gibt ja keine Strukturierungshilfen für den Unterrichtsverlauf. Der Lehrer muß die Teile immer neu in einen zeitlichen Unterrichtsverlauf einordnen.

b) Die andere grundsätzliche Möglichkeit der Strukturierung einer Lektion ist die *zeitliche* Gliederung. Hier sind die Teile einer Lektion nach einer möglichen Abfolge im Unterrichtsverlauf nacheinander geordnet. Durch eine zeitliche Gliederung wird die Unterrichtsvorbereitung also entlastet und damit eine wesentliche Forderung an Lehrwerke erfüllt, nämlich Hilfsmittel für den Lehrer zu sein. Andererseits besteht durch die zeitliche Gliederung die Gefahr, daß der Unterrichtsverlauf schematisch und wenig flexibel wird.

Wir haben uns für eine zeitliche Gliederung entschieden, die einen möglichen Unterrichtsverlauf vorgibt. Gleichzeitig haben wir die Nachteile geringerer Flexibilität weitgehend vermieden durch:

a) eine große Variation im Aufbau der einzelnen Lektionsteile (besonders $\boxed{B1}$, $\boxed{B2}$, $\boxed{B3}$) und

b) Angabe von Alternativen in der Abfolge im Lehrerhandbuch.

Im folgenden werden die einzelnen Abschnitte einer Lektion beschrieben:

$\boxed{\text{A}}$

Einstieg in das Thema der Lektion

Menschen können dann alle in der Sprache vorgesehenen Denkoperationen vollziehen und versprachlichen, wenn die Gesprächsgegenstände und die Kommunikationsabsichten in ihrer unmittelbaren, „greifbaren" und als wichtig empfundenen Erfahrung eine Rolle spielen. Die Sprachtätigkeit läßt nach oder bleibt gar aus, wenn neue Informationen, „fremde Inhalte" verarbeitet und versprachlicht werden müssen, *ohne daß sie zunächst aus der Perspektive der Schüler und auf der Grundlage unmittelbarer Anschauung vorstrukturiert worden sind*... Wir fordern heute, daß der Schüler die Zielsprache zunächst aus seiner eigenen Erfahrungswelt und in ihr anwenden lernen soll. Erst mit der so erworbenen oder organisierten Zielsprache kann er sich in Kontexte und Informationen der Zielkultur versetzen.[1]

Aus diesem Grunde steht am Anfang jeder Lektion eine *Text- und Bildcollage* als Sprechanlaß. Sie dient a) der *Aktivierung des sprachlichen und inhaltlichen Vorwissens* der Kursteilnehmer, b) der *Vorstrukturierung des Themas* der Lektion.

Zu a):
Die KT können hier über sich selbst berichten (z. B. Lk 9: Was tun Sie für Ihre Gesundheit?), eigene Erfahrungen und Kenntnisse einbringen (z. B. eigene Erfahrungen mit Ärzten anhand der Bildergeschichte auf der Einstiegcollage zu Lk 9) und weitere Fragen und Probleme zu dem angeschnittenen Themenkreis (z. B. Pillenberg) formulieren. Die KT strukturieren damit die neu angeschnittenen Inhalte in bezug auf ihre eigene Person.
Lerner einer fremden Sprache tun sich im allgemeinen schwer, ihre bereits erworbenen sprachlichen Kenntnisse anzuwenden und optimal auszunützen.

1) H. E. Piepho, Deutsch als Fremdsprache in Unterrichtsskizzen, S. 77

„Themen" ist daher so konzipiert, daß die Kursteilnehmer (KT) in den verschiedenen Lernabschnitten immer wieder Lexik, Strukturen, Redemittel, die sie in früheren Lektionen gelernt haben, anwenden können. Deshalb sind auch die Einstiegscollagen (mit Ausnahme von Lektion 1) so angelegt, daß sie eine Vielzahl von Ideen, Assoziationen, Stellungnahmen der KT provozieren, die sie weitgehend in Deutsch mit den in den vorangegangenen Lektionen erworbenen sprachlichen Mitteln verbalisieren können. Zusätzlich bieten viele Collagen zur Einführung in den neuen Themenzusammenhang der jeweiligen Lektion neuen Wortschatz, der den KT sprachliche Äußerungen zu diesem Themenbereich ermöglicht. Neue Strukturen werden jedoch in dieser Unterrichtsphase (mit Ausnahme von Lk 1 und 10) nicht eingeführt.

Zu b):
Da die Collagen aber immer auch die verschiedenen inhaltlichen Aspekte der folgenden Lernabschnitte ansprechen (z. B. Lk 9: Krankheiten und Beschwerden in der Grafik „Arbeitsunfähigkeit – warum?" verweisen auf B1 ; „Was tun Sie für Ihre Gesundheit?" und die Bildgeschichte „Arztbesuch" verweist auf B2 ; sportliche Aktivitäten verweist auf B3), schaffen Sie die Motivation für eine weitere Beschäftigung mit dem Lektionsthema.
Natürlich kann in sprachlich homogenen Klassen eine Collage auch Anlaß für weitergehende Gespräche in der Muttersprache sein.

B1   B2   B3 :

Thematisch und sprachlich aufeinander aufbauende Lernabschnitte

Diese Lernabschnitte enthalten unterschiedlich lange Lernketten. Die einzelnen „Glieder" dieser „Ketten" sind gekennzeichnet, z. B.

B1   B1   B1
1   2   3

und bauen inhaltlich und sprachlich aufeinander auf.
Das wird im folgenden an Lektion 9 deutlich gemacht.

Übersicht über Lektion 9

	Thema	Sprechintentionen	Wortschatz/Strukturen	Fertigkeiten
A *Strukturiert die Lektion vor*	1. Was tun Sie für Ihre Gesundheit? (sportliche Aktivitäten) 2. Arztbesuch 3. Sprechstundenzeiten 4. Statistik über Krankheiten 5. Pillenberg 6. Sprüche zum Thema Gesundheit			
B1 *Zeichnung Übung Übung Dialog*	Körperteile Beschwerden Krankheiten jmd. fragt nach dem Befinden; der andere gibt Auskunft	Sachverhalte beschreiben jmd. nach dem Befinden fragen, und darauf reagieren	Körperteile, Beschwerden, Krankheiten Possessivartikel	*Sprechen*

Lernziel: jmd. nach dem Befinden fragen, jmd. Auskunft geben können über das eigene Befinden (Krankheiten, Beschwerden)

	Thema	Sprechintentionen	Wortschatz/Strukturen	Fertigkeiten
B2 *Lesetext*	Lesersprechstunde: Krankheiten und Therapievorschläge	etw. beschreiben		*Lesen* von Leserbriefen *Sprechen*
Hörtext	Arztbesuch: Diagnose und Therapie			*Hören:* ärztliche Fragen und Erklärungen verstehen

		Modal-verben	Sprechen / Schreiben:
	Gespräch über Diätvorschriften bei bestimmten Krankheiten	etw. anbieten, etw. ablehnen und begründen	neue Rede-mittel; außerdem Anwendung von Struktu-ren aus B1 und früheren Lektionen (vgl. Lk 2, 4, 5)	verben
Dialoge	verschiedene Absagen, jedes Mal wegen Krankheit	jmd. zu etw. auf-fordern, jmd. über-reden, Wichtigkeit aus-drücken; etw. ablehnen und begründen; Ärger ausdrücken			Notizen machen; einen Dialog schriftlich umarbeiten
	Arbeitsunfähigkeits-bescheinigung			

Lernziele: Leserzuschriften und therapeutische Ratschläge in einer Zeitung lesen können; selbst medizinische Ratschläge formu-lieren können; die Fragen eines Arztes nach Beschwerden und Krankheitssymptomen und seine therapeutischen Anordnungen verstehen können; etw. ablehnen und die Ablehnung mit der eigenen Krankheit begründen können

B3				
Erzäh-lung	Hausunfall Sportunfall Arbeitsunfall	etw. Vergangenes berichten etw. Vergangenes erzählen	neue Verben; gleichzeitig Rückgriff auf Verben aus Lk 5	Perfekt	*Lesen*
					Hören
Übung	Tagesablauf im Skikurs Skiunfall				*Sprechen*

Lernziel: einen Tagesablauf, einen Unfall berichten bzw. erzählen können

Die B-Abschnitte sind unterschiedlich, und zwar entsprechend dem jeweiligen inhaltlichen und sprachlichen Lernziel, konzipiert. Geht es um den Ausbau der *mündlichen Mitteilungsfähigkeit*, beginnt ein Abschnitt mit der Präsentation neuer Wortschatzbereiche und anschließend neuer Redemittel (z. B. Lk 9, B1, KB S. 104 und 105). Andere Abschnitte fordern *Verstehensleistungen*. So beginnt B2 in Lk 9 mit einem Lesetext (S. 106), er bereitet sprachlich und inhaltlich den folgenden Text (S. 107) vor, der zum Ausbau der Hörverstehensfähigkeit dient. Beide Texte dienen in Hinsicht auf die sprachliche Progression der Präsentation der Modalverben. Immer aber wird das neue aktiv zu beherrschende Sprachmaterial in verschiedenen kommunikativen *Übungen* isoliert und kann so von den KT geübt und anschließend in andere Kontexte transferiert werden (z. B. Lk 9, S. 104, 105, 108, 112). Entsprechend der variablen Konzeption der B-Abschnitte können auch die *Dialoge* sehr verschiedene Funktionen erfüllen. Sie können

1. neue Redemittel zu neuen oder schon bekannten Sprechintentionen in einem neuen situativen Zusammenhang präsentieren. Ein solcher Dialog ist dann in doppelter Form im Kursbuch wiedergegeben:

a) einmal als schriftliche Wiedergabe des auf Cassette aufgenommenen Textes,

    O Hallo, Bernd.
       □ Grüß dich, Gisela.
    O Du siehst aber nicht gut aus.
       Was ist denn los?
       □ Ich habe Zahnschmerzen.
    O Sehr schlimm?
       □ Es geht.

b) dann als Präsentation desselben Dialogs, kombiniert mit alternativen Redemitteln, in Form eines „Dialoggeländers". Es führt den KT verschiedene sprachliche Varianten für eine Sprechabsicht vor und regt die KT zunächst zum Nachspielen des Dialogs und anschließend zur freieren Variation des Textes mit alternativen Redemitteln an.

o Hallo, ...
(Tag, ...)

□ Grüß dich, ...
(Tag, ...)

o Du siehst aber nicht gut aus.
(Du siehst aber schlecht aus.)

Was ist denn los?
(Was hast du denn?)

□ Ich habe ...
(Ich bin ...)

Mein(e) ... tut weh.
Meine ... tun weh.

o Sehr schlimm?
(Ist es schlimm?)

□ Es geht.
(Ja, ziemlich.)

2. In anderen Fällen kann der Dialog im Kursbuch die KT anregen, selbst alternative Dialoge mit anderem Verlauf oder mit anderen Sprechintentionen oder anderen Redemitteln in anderen Situationen zu entwerfen (z. B. Lk 9 S. 108 und 109).

3. Schließlich gibt es noch den Dialog, der zur Schulung des Hörverstehens auf Cassette dargeboten wird. Die schriftliche Transkription aller Hörtexte ist in dieses Lehrerhandbuch aufgenommen.

Häufig steht am Ende eines Lernabschnittes eine *Aufgabe*, in der das bisher isoliert geübte, neue Sprachmaterial frei variiert und in einem komplexeren Kommunikationszusammenhang angewendet werden soll (z. B. Lk 2, S. 28).

Auf diese Weise ergeben sich in den B -Abschnitten verschiedene Stufen des Aufbaus der Mitteilungsfähigkeit (Sprechen und Schreiben) und der rezeptiven Fähigkeiten Hören und Lesen, die langsam zur freien Äußerung und zur freien Anwendung des Gelernten führen.

C

Deutsch phantastisch

Teil C bietet Texte, die sich vom Lernstoff der jeweils vorangehenden Einheiten absetzen. Sie orientieren sich an der lexikalischen und strukturellen Progression der jeweiligen Lektion, gehen jedoch – wenn nötig – geringfügig darüber hinaus. Diese Texte sind nicht obligatorisch, können also ausgelassen werden, ohne daß ein Bruch in der Progression entsteht. Sie sollen in erster Linie beim KT Freude am Spiel mit Sprache wecken und ihn zu kreativerem Umgehen mit diesen Texten, mit Sprache anregen: Es handelt sich um *Dialoge, kleine humoristische Texte* und *Gedichte*, die zwar thematisch an die Lektionsinhalte anknüpfen, die dort vermittelte Wirklichkeit jedoch hintergründig variieren und teilweise literarisch verfremden. Die Texte sind interpretatorisch offen, ergänzbar, variierbar. Sie bieten deshalb Anlaß zur Lektüre, zum Nachdenken, zum Gespräch über den Inhalt, zum freien Nachspielen und Erfinden weiterer Varianten. Sowohl von KL wie auch von KT setzt das ein persönliches Verhältnis zu den Texten voraus: Sie sollen gefallen und Spaß machen.

Der KL hat besonders in diesem Teil C die Möglichkeit, als Wissensvermittler zurückzutreten. Er ermutigt und ermuntert zum spielerischen Sprachumgang, nimmt Einfälle auf und hilft die Angst vor Fehlern abzubauen. Er moderiert lediglich das Spiel der KT und wird damit im besten Fall – zumindest zeitweise – entbehrlich.

Wie kann man mit Themen unterrichten?

Hinweise für den Unterricht, exemplarisch dargestellt an Lektion 9: Gesundheit

Allgemeine Information

Das Thema „Gesundheit" bietet sich in besonderem Maße dazu an, bei der persönlichen Situation der KT, ihren Erfahrungen und Gefühlen anzuknüpfen. Die Übungen und Aufgaben in dieser Lektion sollten dazu genutzt werden, sie selbst und ihre Situation und Bedürfnisse einzubeziehen.

A Einstig in das Thema der Lektion

■[1] Am Anfang jeder Lektion steht immer eine Collage, sie leitet eine Unterrichtsphase ein, die dem KT ermöglicht, die neuen Sachverhalte und/oder Problembereiche einer Lektion als Teil der eigenen Erfahrung, des eigenen Wissens und der eigenen Interessen zu begreifen. Er kann sich mit aus früheren Lektionen bekanntem Sprachmaterial dazu äußern und so die eigenen Lernfortschritte erkennen. ■[1]

Anregungen zur Unterrichtsgestaltung

Der Lehrer kann
1. mit einem Gespräch über einen abwesenden, weil kranken KT beginnen oder
2. (insbesondere im deutschsprachigen Inland mit über das Lehrbuch hinausgehenden Sprachkenntnissen) die Worte „krank – Arzt – gesund" an die Tafel schreiben und alle Assoziationen zu diesen Wörtern formulieren lassen, z. B. „N.N. ist krank, er kommt heute nicht." „Wir haben einen Vertrauensarzt; er ist (nicht) gut, er heißt . . ." „In . . . gibt es wenig Ärzte, viele Leute sind krank; sie haben viel . . ."
und dann

---

[1] Ausführungen, die zwischen diesem Zeichen stehen, geben allgemeine Hinweise, die für alle Lektionen gelten.

3. a) die Collage im KB S. 103 aufschlagen lassen oder nacheinander Ausschnitte der Collagen projizieren (die anderen Teile abdecken) und die KT sich dazu äußern lassen. Der KL kann dann alle Assoziationen, Ideen, Stellungnahmen der KT zu dieser Collage sammeln. Z. B.: „Ich habe Rheuma, . . ., . . .“; „Ich gehe oft zum Doktor . . .“; „Ich bin krank, ich kann nicht arbeiten.“; „Kann man in Deutschland nur von . . . bis . . . Uhr zum Arzt gehen?“ Auch einzelne Wörter sind möglich: „krank, Doktor, Krankenhaus“.

■ Wichtig ist, daß der KL bei der Arbeit mit der Einstiegscollage [A] wenig steuernd und korrigierend eingreift, sondern alle Arten von Äußerungen zuläßt. Es geht in dieser Einstiegsphase vor allem um freie Äußerungen, weniger um deren sprachliche Richtigkeit. Der KL kann gelegentlich helfen, wenn ein Wort oder eine Wendung zur Formulierung einer Aussage fehlt. Er sollte mit entsprechenden Fragen die KT veranlassen, ihre bisherigen sprachlichen Kenntnisse anzuwenden: z. B. „Was tun Sie für Ihre Gesundheit?“, „Ich spiele Fußball, ich fahre Ski, deshalb bin ich nicht krank.“ (vgl. Lektion 5), „Ich fahre an die See und gehe schwimmen.“ (vgl. Lektion 5 und 6). Er sollte hier also den KT die ermutigende Erfahrung vermitteln, daß sie trotz geringer Sprachkenntnisse schon eine Menge aus ihrem Erfahrungsbereich zu dem angesprochenen Themenkomplex formulieren können. ■

b) Anschließend beschreiben die KT die Bilder auf der Collage. „Da ist . . .“; „Ich sehe . . .“; „Was heißt . . .?“
c) Folgende Fragen können in Deutsch oder (in sprachlich homogenen Klassen) in der Muttersprache besprochen werden:
– Was tun Sie für Ihre Gesundheit?
– Sie sind krank und können nicht arbeiten. Was machen Sie dann?
– Gibt es in Ihrem Land viele Ärzte?
– Wer bezahlt bei Ihnen den Arzt, das Krankenhaus? Gibt es eine Krankenversicherung?
– Welche Sprüche zum Thema Gesundheit kennen Sie noch?

■ 4. Am Ende einer Lektion empfiehlt es sich, noch einmal auf die Einstiegscollage zurückzukommen. Die KT können dabei erfahren, daß sie sich dann sehr viel ausführlicher und differenzierter zu bestimmten Aspekten äußern können. Hier in Lektion 9 könnte man z. B. Minidialoge zu der Bildgeschichte unten auf der Collage entwerfen oder sie beschreiben lassen. ■

Sprechintentionen:	etwas benennen; Zugehörigkeit ausdrücken; einen Sachverhalt beschreiben; nach dem Befinden fragen und darauf reagieren
Situation:	zwei Freunde treffen sich
Wortschatz:	Körperteile, Krankheiten und Beschwerden
Strukturen:	Possessivartikel: *sein, ihr, mein*

■ Zunächst einige generelle Bemerkungen zur Funktion von Dialogtexten im Lehrbuch „Themen":

In der Tradition des situativen Ansatzes im Fremdsprachenunterricht ist der Dialogtext oft überstrapaziert worden. Das hat bei KL und bei KT zu Überdruß und Langeweile geführt. Hier sollen deshalb kurz die Funktion des Dialogs, seine Möglichkeiten, aber auch seine Grenzen im kommunikativen Unterricht beschrieben werden.

1. Der Dialog steht im allgemeinen besser nicht am Anfang einer Übungssequenz, weil das leicht zum sturen Auswendiglernen und mühsamen Einpauken von Dialogsequenzen verleitet, deren Inhalt und Rollen für den KT schwierig und häufig ohne inneren Bezug sind. Die KT sind dann allein auf ihr Gedächtnis angewiesen, und das Spielen wird zum Ersatz für reales kommunikatives Handeln. Die KT können die erlernten Strukturen nicht in einem anderen Kontext anwenden. Sie tun sich schwer mit Dialogvarianten und situativen Transfers.

2. Zum anderen kann das Sprechen und Nachspielen von Alltagsdialogen auch nicht Ziel einer Unterrichtsreihe sein. Es ist nur eine Stufe der Vorbereitung auf freie Kommunikation.

Aus diesem Grund sind in „Themen" die Dialogtexte, die zur sprachlichen Bewältigung von typischen Alltagssituationen hinführen sollen, immer in eine längere Übungssequenz an einer funktionalen Stelle integriert. Es sind Hör-/ Sprechtexte, d.h. den KT werden Redemittel zu bestimmten Sprechintentionen vorgespielt; sie sprechen sie nach und üben sie anhand des Dialoggeländers in zunehmend freier Variation ein. Sie werden immer – wie z.B. hier in Lektion 9 – durch Übungen, die Wortschatz und fundamentale Redemittel bereitstellen, vorbereitet. Gleichzeitig steht im Anschluß an jeden dieser Dialoge ein „Dialoggeländer" mit Sprechpfeilen, die Redemittel zur Variation des Dialogs bereitstellen.

Diese Sprechpfeile in verschiedenen Farben signalisieren jedem Sprecher schnell „seinen" Part. Die KT können daher zunächst einmal den Text genau nach der Vorgabe (auf Cassette und im Buch) nachsprechen und nachspielen. Sie benutzen dabei das Dialoggeländer als Orientierungshilfe, von der sie sich schrittweise entfernen sollen. Als nächsten Schritt der Erarbeitung können sie die alternativen Redemittel in den Sprechpfeilen anwenden. Dann aber sollten sie sich auch davon schrittweise lösen und schließlich das Gespräch frei – evtl.

in einem ganz anderen Verlauf und mit anderen Sprechintentionen – durchführen. Die Dialoge werden damit zu offenen Handlungsvorlagen, die zur Variation und freien Anwendung herausfordern. ■

Anregungen zur Unterrichtsgestaltung

Zeichnung von Adam und Eva

1. Die KT lesen still die Beschriftung (Körperteile). Danach fragt der KL nach den Körperteilen, indem er auf seine eigenen deutet, und korrigiert die Aussprache.

2. Die KT decken die Beschriftung ab (KL sollte dafür passende Papierstreifen mitbringen) und schreiben die Namen für die Körperteile auf die Papierstreifen.

3. Die KT decken die Beschriftung im Buch auf und korrigieren selbst.

Alternatives Vorgehen

Der KL zeichnet eine Figur an die Tafel oder heftet das Bild einer Person an die Wand oder legt die Folie mit Adam und Eva auf. Er erarbeitet gemeinsam mit dem Kurs die Bezeichnungen für die Körperteile, indem er sie an der Tafel oder auf der Folie eintragen läßt. Dann weiteres Vorgehen wie oben bei Nr. 2.

▶■ 34

■ Nach kleineren Übungssequenzen wie der vorhergehenden können die passenden Übungen im Arbeitsbuch in Stillarbeit im Kurs oder als Hausarbeit erarbeitet werden. Je nach Vorgehensweise können die Übungen im Arbeitsbuch anschließend im Kurs besprochen werden, oder aber der KT überprüft selbst seine Lösungen anhand des Schlüssels im Anhang des Arbeitsbuches. ■

→ AB, S. 87
Ü 3

📖 17

Zur Wortschatzwiederholung

→ AB, S. 87
Ü 1, 2

Folie zu den inneren Organen des Menschen

▶■ 35

Übung 1

Zur Grammatik

Der Possessivartikel hat die gleichen Endungen und die gleiche syntaktische Funktion wie der indefinite Artikel (daher auch der von uns gebrauchte Begriff „Possessivartikel"). Seine Endungen lassen sich deshalb leicht erklären und lernen (vgl. Lektion 3, indefiniter Artikel). Schwieriger ist die Unterscheidung bestimmter Formen für manche Ausgangssprachen. Bestimmte Sprachen unterscheiden z. B. in der dritten Person des Possessivartikels nicht zwischen maskulinem und femininem Bezugswort. Für sie ist besonders wichtig, daß es im Deutschen die Form „sein" und die Form „ihr" gibt. (Das neutrale Bezugswort: „ein Kind → sein Buch" ist übrigens in der Darstellung nicht berücksichtigt, da es selten auftritt. Es genügt der Hinweis auf die Formengleichheit mit dem Maskulinum). Die phonetische Gleichheit der Formen:

ihr („Frau Bartels ist krank. Ihr Kopf tut weh.")
ihr („Das sind Gisela und Bernd. Ihr Auto ist neu.")
Ihr („Herr Meyer, ist das Ihr Buch?")
sollte ausdrücklich erläutert und mit weiteren Beispielen geübt werden, da diese Wörter in anderen Sprachen sehr unterschiedliche Entsprechungen haben.

1. Der KL schreibt in zwei Spalten alle Verben der Übung (Wiederholung von Lektion 5) und die Körperteile auf. Dann fragt er: „Ich möchte photographieren. Was brauche ich dann?" Der KL läßt alle Körperteile benennen, die man zum Photographieren braucht. Dasselbe mit den anderen Tätigkeiten und Körperteilen. Oder er läßt umgekehrt den einzelnen Organen Tätigkeiten zuordnen:

Auge →	fernsehen
	lesen
	schreiben
Mund →	sprechen
	trinken
	Deutsch lernen
	. . .
Knie →	Fußball spielen
	. . .

2. KL erläutert die Übung mit Frau Bartels anhand von Beispielsätzen und weist auf die drei Genera des femininen Possesivartikels (ihr, ihre, ihr) in Analogie zum indefiniten Artikel hin. KT machen die Übung dann mit anderen Verben, Körperteilen und Wochentagen in Kettenübung.

3. Dasselbe Verfahren mit Herrn Kleimeier, jedoch sollte jetzt der maskuline Possesivartikel anhand des Merkzettels kontrastiv zum femininen erläutert werden.

Übung 2

Die KT beschreiben die einzelnen Bilder. Der KL fragt: „Was sehen Sie im Bild Nr. 1? . . . im Bild . . .?" usw. Die KT verwenden u. a. die Redemittel aus Übung 1, z. B.: „In Bild . . . ist eine Frau. Ihr Hals tut weh." usw.

Mit den bereitgestellten Redemitteln in dieser Übung können die KT Schmerzen lokalisieren und Beschwerden ausdrücken.

Dialog

■ Anhand dieses Dialogs wird exemplarisch gezeigt, wie man mit Hör-/Sprechdialogen arbeiten kann.

1. Beschreiben des Situationsbildes im KB S. 105: „Was sehen Sie da?" „Wie geht es ihm?" Diese Klärung der Situation, in der der Dialog stattfindet, baut bei den KT den nötigen Erwartungshorizont auf; sie hilft ihnen, den folgenden Text besser zu verstehen, sich auf die einzelnen Äußerungen einzustellen.

2. Schließen der Bücher. KL fragt: „Was sagen die beiden zueinander?" und sammelt die Vermutungen der KT an der Tafel oder auf der Folie. Dabei wird der Possessivartikel „mein(e)" erarbeitet. Es kann auch ein möglicher Dialog von den KT erstellt werden.

3. Zweimal Vorspielen des Dialogs bei geschlossenen Büchern. KL stellt Verständnisfragen, um sicherzustellen, daß der Dialog richtig verstanden wurde. Dabei kann er einzelne Repliken von der Cassette wiederholen und wichtige, unbekannte Wörter erklären.

4. Phonetische Übung zu Aussprache, Intonation und Akzentsetzung der Wörter und Sätze im Dialog. KL spielt dazu jede einzelne Replik von der Cassette vor und läßt sie in einer Kettenübung von den KT nachsprechen. (Einfache Dialoge wie der vorliegende können danach kurz gespielt werden.)

5. Nochmaliges Vorspielen des Dialogs bei geöffneten Büchern. Die KT lesen mit und vergleichen anschließend ihre Vermutungen über den Dialog (vgl. Schritt 2) und ihren Dialogentwurf an der Tafel mit dem Text im KB. KL erklärt gegebenenfalls noch weitere unbekannte Wörter.

6. KT üben den Dialog in Kleingruppen oder Partnerarbeit ein bzw. spielen ihn. KL kann mit einem oder zwei KT Beispiele vorgeben.

7. KT lesen die alternativen Redemittel in den Sprechpfeilen des Dialoggeländers vor. KL kontrolliert die Aussprache und erklärt neue Wörter. Bei schwierigen Dialogen sollten die KT Dialogvarianten still erarbeiten und mit verteilten Rollen vorlesen.

8. KT spielen den Dialog zwei- oder dreimal mit Varianten aus dem Dialoggeländer. Dabei sollten sie das Buch nur als Gedächtnisstütze benutzen und nicht bloß vorlesen. KL kann mit einem KT ein Beispiel vorspielen.

9. KT spielen den Dialog frei bei geschlossenen Büchern. Der KL gibt je nach Schwierigkeitsgrad des Dialogs Hilfen durch Stichwörter, die dem Dialogverlauf nach in Pfeilen an der Tafel oder auf der Folie geordnet sind; etwa so (KL sollte mehrere Alternativen vorbereiten.):

Hallo ... Tag ...	Tag ... Grüß ...
... nicht gut ... Was ... los?	Mein(e) ... Ich habe ...
... schlimm? Tut ...?	...

■

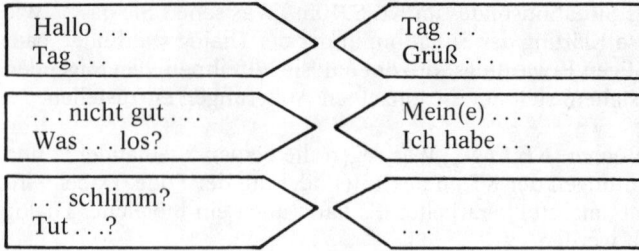

Sowohl die phonetische Übung (Schritt 4) wie auch die einzelnen Rollenspiele sollten zügig durchgeführt werden, damit es nicht zur Übermüdung der KT kommt.

Alternatives Vorgehen

Bei einem schwächeren Kurs können dem Schritt 1 oben folgende Schritte vorausgehen:

17 [ ] 1. Nach der Arbeit mit Übung 2 spielt der KL krank. Z. B.: „Ich habe Zahnschmerzen. *Meine* Zähne tun weh." oder „Ich habe Kopfschmerzen. *Mein* Kopf tut weh." KL erarbeitet so den Possessivartikel „mein(e)".

2. KL spielt mit einem KT folgenden Minidialog: Er fragt: „Sie sehen aber schlecht aus. Was ist denn los?" und veranlaßt den KT durch Mimik und Gestik, eine bestimmte Krankheit oder Beschwerde zu nennen, z. B. „Ich habe Bauchschmerzen." oder „Mein Bauch tut weh."

[ ] 3. Die KT spielen solche Minidialoge nacheinander in derselben Weise. Anschließend weiter wie unter 1 oben.

→ AB, S. 87
Ü 3

Diese Übung muß im Kurs besprochen werden. Es muß geklärt werden, welche Wendungen im Deutschen möglich sind, welche nicht.

→ AB, S. 88
Ü 4

Vor Bearbeitung dieser Übung muß gegebenenfalls nochmals auf die Grammatik Lektion 8, S. 139, 5 im KB verwiesen werden.

→ AB, S. 88
Ü 5

Vor Bearbeitung dieser Übung Erklärung der Grammatik auf S. 140, 1 im KB.

→ AB, S. 89
Ü 6

Hier ist eine Kontrolle im Kurs nötig: sprachliche und orthographische Richtigkeit prüfen.

→ AB, S. 89
Ü 7

■ Diese Übungsform findet sich in jeder Lektion des AB. Hier müssen alle Krankheiten aus Lektion 9 zusammengestellt werden. Beim ersten Mal sollte der KL die Übung gemeinsam mit den KT an der Tafel erarbeiten. Später sollte sie in jedem Fall immer auch noch im Kurs gemeinsam besprochen und ausgewertet werden. Das Assoziogramm hilft dem KT, sich noch einmal den Wortschatz der jeweiligen Lektion im Zusammenhang eines Wortschatzfeldes vorzuführen. ■

Leseverstehen:	aus den einzelnen Leserzuschriften und Antworten die zentralen Informationen entnehmen können	**B2**
Textsorte:	Kolumne eines Arztes in einer Zeitung oder Zeitschrift	
Strukturen:	Modalverben: *müssen, dürfen, können, wollen, sollen;* Possessivartikel 2. Person	1

■ Fremdsprachliche Lerner, aber auch muttersprachliche Sprecher werden immer wieder mit Lese- oder auch Hörtexten konfrontiert, in denen sie einen Teil der Informationen aus inhaltlichen oder sprachlichen Gründen nicht verstehen. (vgl. auch S. 14 ff.) Ziel des fremdsprachlichen Unterrichts muß es deshalb u. a. sein, den Lernern verschiedene Lese- oder auch Hörstrategien zu vermitteln, die es ihnen ermöglichen, auch schwierigere Texte zu dekodieren. Deshalb wird die Technik, fremdsprachliche Texte, die über den bisherigen Kenntnisstand hinausgehen, zu lesen (oder hörend zu verstehen), von der ersten Lektion an systematisch geübt. Die Aufgabenformen zu diesen Texten sind immer so angelegt, daß sie auf die Kerninformationen lenken.

Der Lesetext auf S. 106 dient einer solchen systematischen Schulung des Leseverstehens. Es handelt sich um einen sprachlich bearbeiteten und gekürzten authentischen Text, der in der sprachlichen Progression über die der Hör-/ Sprechdialoge und der Übungen, die zum Aufbau der Sprechfertigkeit dienen, hinausgeht. Die beiden Aufgaben dazu führen die KT schrittweise vom Globalverständnis eines jeden Abschnitts zu den Detailaussagen.

Auch im Alltag baut sich der Leser sein Verständnis schrittweise auf: Er wird mit einem Text in einer bestimmten Situation, einem bestimmten Kontext (z. B. in einer Illustrierten, einem Buch, einem Anschlag am Schwarzen Brett usw.) konfrontiert, baut damit einen bestimmten Erwartungshorizont auf, erkennt im allgemeinen im zweiten Schritt, um welche Textsorte es sich handelt und geht dann je nach Interesse in verschiedenen Stufen an die „Feinanalyse".

Wichtig ist, daß die KT sich bei der Erarbeitung der Texte in der Gruppen- oder Partnerarbeit gegenseitig unterstützen, ihr Kombinationsvermögen, ihre bisherigen Kenntnisse (z. B. über Wortzusammensetzungen, Internationalismen, Kontext usw.) einsetzen. Sie sollen zusammen überlegen, was die Bedeutung eines zentralen Ausdrucks sein könnte. Zwar sind die für die Lösung der beiden Aufgaben wichtigen Schlüsselwörter in den Glossaren aufgeführt. Dennoch sollte der KL die KT immer wieder ermutigen, die Aufgaben zum Text möglichst allein zu bearbeiten und erst als letzte Hilfe das Glossar heranzuziehen. ■

Anregungen zur Unterrichtsgestaltung

Landeskundliche Information

(sollte, wenn möglich, in der Muttersprache erklärt werden)

In deutschen Boulevardzeitschriften und -zeitungen und in Gesundheitsmagazinen gibt es häufig eine Spalte „Leserzuschriften an Dr. . . .". Zu speziellen gesundheitlichen Problemen wird hier ein medizinischer Rat erteilt. Diese Leserecken erfreuen sich großer Beliebtheit.

1. KT lesen den Text und erhalten den Auftrag: „Unterstreichen Sie alles, was Sie verstehen". (Nicht, wie so häufig, was Sie *nicht* verstehen!). Die KT sollen ermutigt werden, ihre bisherigen Sprachkenntnisse und ihr Kombinationsvermögen einzusetzen. Sie werden dabei feststellen, daß sie die wichtigsten Informationen in diesen Texten bereits ohne fremde Hilfe entschlüsseln können. (Gegebenenfalls lesen die KT den Text zum zweiten Mal und unterstreichen weitere Worte oder Satzteile, die ihnen aus dem Gesamtzusammenhang deutlich werden.)

2. Anschließend Sammeln der Sätze, die die KT sofort verstanden haben, im Klassengespräch.

3. Die KT beantworten Frage 1 und 2. Ausfüllen des Rasters bei Frage 2. Sollten die KT für die Beantwortung von Frage 2 zentrale Begriffe nicht verstehen, können sie diese im Glossar nachschlagen oder den KL fragen.

Anschließend werden die Ergebnisse der Kleingruppen im Kursplenum besprochen. Die KT berichten, auf welche Weise sie die Zugehörigkeit der einzelnen Texte festgestellt haben.

Beispiel: Allein durch die Zuordnung von Schlüsselbegriffen (Schmerzen, Hals, Magen) in den einzelnen Texten kann die Zugehörigkeit der verschiedenen Texte erschlossen werden. Vgl. folgenden Tafelanschrieb:

(1) Was kann ich gegen die (Schmerzen) tun?

(A) Ihre (Schmerzen) können . . .

(2) . . ., ich habe oft (Hals)schmerzen.
. . .

(C) . . . und jeden Abend (Hals)kompressen machen.

(3) . . . mein (Magen) tut mir immer so weh . . .

(B) Ihr Arzt hat recht. (Magen)schmerzen . . .

4. Erarbeitung der Bedeutungsopposition der Modalverben anhand der Aufgabe: „Welche Ratschläge gibt Dr. Braun?"

Anschließend Verweis auf die Grammatikübersicht im KB S. 140.

<u>Zur Grammatik</u>

In Anknüpfung an die Übersichten zu den bereits behandelten Modalverben in Lektion 2 und Lektion 5 werden hier die Verben „dürfen", „sollen" und „wollen" dargestellt. Aus den Texten auf S. 106 werden einige Sätze mit Modalverb ermittelt und bündig untereinander an die Tafel geschrieben.

Beispiel:

Was	–	*kann*	ich	–	–	gegen die Schmerzen	*tun?*
–	Ich	*kann*	–	Ihnen	leider	keinen Rat	*geben.*
–	Sie	*müssen*	–	–	unbedingt	zum Arzt	*gehen.*

Dabei zeigt sich, daß die Infinitivkonstruktion eines Verbs (d. h. obligatorische Ergänzung und Infinitiv des Verbs) komplett in den Satz mit Modalverb integriert wird. Sätze mit Modalverb eignen sich daher vorzüglich, um Verben mit ihren typischen Ergänzungen zu lernen und zu behalten. Zu achten ist hier auch auf die Satzbetonungsverhältnisse: Den Satzakzent trägt die obligatorische Ergänzung. Wenn sie nicht vorhanden ist, wie bei der einwertigen Valenz des Verbs „rauchen", ist das Verb selbst betont (in diesem Fall also „rauchen").

Bei der Darstellung der Modalverbformen müssen die Vokalwechsel bei „wollen" und „dürfen" und die von der normalen Konjugation abweichenden Endungen in der 1. und 3. Person Singular der Modalverben hervorgehoben werden.

5. Frage 3 wird im Kurs beantwortet. Die KT sollen möglichst auch über typische Heilmethoden aus ihrem Land bzw. Einstellungen ihrer Kultur zu den genannten Beschwerden berichten. Bei einer interessierten Klasse ist auch ein Gespräch über homöopathische und andere Heilmethoden denkbar.

Übung 8 sollte am besten im Kurs besprochen werden, damit eventuelle Schwierigkeiten bei der semantischen Bestimmung gemeinsam geklärt werden können. → AB, S. 89 Ü 7, 8

■ Die formalgrammatische Übungsform von Übung 12 kehrt in jeder Lektion wieder. Sie hilft dem KT, sich den Formenbestand des jeweiligen grammatischen Phänomens, das Gegenstand des Lernabschnitts ist, noch einmal vor Augen zu führen. ■ → AB, S. 92 Ü 12 → AB, S. 90 Ü 9

Die Übung 10 sollte anschließend im Kurs besprochen werden. → AB, S. 91 Ü 10

Hörverstehen:	bei einer ärztlichen Konsultation die Fragen des Arztes und seine Therapiehinweise verstehen können
Textsorte:	ärztliches Behandlungsgespräch
Situation:	beim Arzt

Schriftliche Wiedergabe des Gesprächs auf Cassette

Beim Arzt

O Guten Tag, Herr Doktor.

□ Guten Tag, Herr Möllermann. Was fehlt Ihnen denn?

O Ach, ich fühle mich gar nicht wohl, ich habe immer solche Magenschmerzen.

□ Hm, essen Sie denn zu viel oder zu fett?

O Ich esse nur ganz wenig. Das ist es ja: Ich kann gar nicht viel essen. Ich habe immer gleich solche Schmerzen.

□ Am besten, Sie machen sich frei und legen sich mal dahin. So, tut das weh?

O Nein...

□ Und das?

O Auuuuuu!!!!

□ Aha...

Herr Möllermann, arbeiten Sie viel?

O Oh ja, das kann man wohl sagen. Ich muß oft bis zum Abend im Büro bleiben.

□ Und dann trinken Sie auch gern ein Glas Bier oder Wein...?

O Na ja, sicher, manchmal...,

□ Und zwischendurch trinken Sie viel Kaffee, nicht?

O Ja natürlich, ich trinke viel Kaffee...,

□ Rauchen Sie?

O Na ja, wissen Sie, der Streß im Büro ist halt groß, und da raucht man schon sehr viel.

□ Nehmen Sie auch Tabletten?

O Ja, wissen Sie, ich habe manchmal Kopfschmerzen, dann nehme ich auch mal 'ne Tablette...

□ Nun, Herr Möllermann, jetzt müssen wir Sie noch röntgen...

O Guten Tag, Herr Möllermann.

□ Guten Tag, Herr Doktor.

O Tja, ich habe jetzt die Ergebnisse, Herr Möllermann: Die Sache ist klar, Sie haben ein Magengeschwür. Und das ist gefährlich. Sie müssen jetzt erst einmal ein paar Tage ins Bett. Ich schreibe Ihnen hier ein Medikament auf, das nehmen Sie morgens, mittags und abends. Sie dürfen nicht...

■ Dieser Hörtext gehört zur systematischen Schulung des Hörverstehens (vgl. auch S. 14). Auch hier wird wie bei den Lesetexten der Hörer mit einem Text konfrontiert, den er zunächst nur teilweise versteht. Auch im Alltag baut sich der Hörer sein Verständnis sukzessive auf: Er hört ein Wort, einen Sachverhalt, versteht es nicht genau (er bildet sich eine Hypothese) und achtet dann im weiteren Gesprächsverlauf bewußt auf Worte und Satzteile, die ihn in der einen oder anderen Richtung bestärken können.

Bei der Arbeit mit den Hörtexten kommt es daher nicht darauf an, daß die KT jedes Wort des Dialogs verstehen. Der KL sollte die KT langsam dahin führen, sich auf die zentralen Aussagen konzentrieren zu können. ■

Anregungen zur Unterrichtsgestaltung

1. Erklären des Situationsphotos: „Was sehen Sie hier?"

2. Vorspielen des ganzen Dialogs.

3. (Ggf. noch einmal Vorspielen eines Teils des Dialogs; die KT ordnen die einzelnen Repliken der jeweiligen Person zu: „Wer sagt was?")

4. Die KT lesen die Aussagen in der Aufgabe 2. Das lenkt ihre Aufmerksamkeit beim nochmaligen Hören auf die wichtigsten Aussagen des Gesprächs.

5. Nochmaliges absatzweises Vorspielen des Textes. Nach jedem Absatz kreuzen die KT die Aussagen an, die sie für richtig halten.
Lösung: 1b; 2c; 3a; 4b; 5c

6. Auswertung der Einzelarbeit im Kursforum. Sollten die KT bei einzelnen Stellen Schwierigkeiten haben, bietet es sich an, diese noch einmal vorzuspielen.

7. a) Beschreiben Sie den Patient: Was ist das für ein Mann? Warum hat er ein Magengeschwür?
b) Was empfehlen *Sie* ihm? Was soll er tun? (Hier bietet sich u. a. die Anwendung von Verben aus Lk 5 an.)

→ AB, S. 94
Ü 15

Sprechintentionen:	jemandem etwas anbieten; etwas ablehnen und das begründen
Situation:	zwei Freunde beim Essen
Strukturen:	*dürfen, sollen*
Wortschatz:	Beschwerden und Krankheiten

B2

3

Anregungen zur Unterrichtsgestaltung

1.	Inge	Durchfall	(nicht) dürfen
	Ich	Grippe	(nicht) sollen
	Otto	Magengeschwür	
	Frau Müller	Kopfschmerzen	
	Herr Seitz	Herzbeschwerden	
	Hans	Rheuma	

Inge hat Grippe. Sie darf nicht schwimmen. Sie muß im Bett bleiben

37

18

Die KT bilden Sätze und spielen verschiedene Möglichkeiten durch.

2. Öffnen des KB, S. 108. Zwei KT lesen den Dialog mit verteilten Rollen vor. (Gegebenenfalls noch ein weiteres Paar mit einer ersten Variante.)

3. Jede Zweiergruppe wählt sich eine der Varianten und spielt sie zusammen durch.

→ AB, S. 92, 93 Ü 11, 13

Übung 14 sollte im Kurs ausgewertet werden, weil in bestimmten situativen Kontexten mehrere Antworten möglich sind.

B2

4

Sprechintentionen:	jemanden zu etwas auffordern; jemanden überreden; etwas ablehnen
Situation:	ein Freund besucht seinen kranken Freund; ein Chef ruft seinen Mitarbeiter an
Strukturen:	*müssen, können, wollen, sollen, mögen*

■ Bei dieser Aufgabe haben die KT die Gelegenheit, das grammatische „Pensum" dieses Lernabschnitts (die Modalverben) funktionsgerecht in anderen Situationen und mit anderen Sprechintentionen anzuwenden. Die Aufgabenstellung im Unterricht zu den vorausgegangenen Übungen ist auch insofern komplexer, als die KT hier eine kleine Texteinheit selbst entwerfen, schreiben und dann frei spielen sollen. ■

Anregungen zur Unterrichtsgestaltung

1. Klären der Situationsphotos (der Text wird abgedeckt): „Was sehen Sie auf den Bildern?" „Was reden die beiden wohl?" KL sammelt die Antworten an der Tafel. In guten Kursen kann auch ein passender Dialog zu den Bildern entworfen werden.

2. Zweimal Vorspielen des Dialogs bei geschlossenen Büchern. KL stellt Verständnisfragen und erklärt unbekannte Wörter. Eventuell einzelne Repliken nochmals vorspielen.

3. Phonetische Übung: Vorspielen und Nachsprechen der einzelnen Repliken als Kettenübung.

4. Nochmaliges Vorspielen des Dialogs bei geöffneten Büchern. Die KT lesen mit und vergleichen ihre Vermutungen über den Dialog oder ihren Dialogentwurf mit dem Text im KB. KL erklärt gegebenenfalls noch weitere unbekannte Wörter. Lesen mit verteilten Rollen.

5. Genauere Analyse des Gesprächs: „Was möchte Rolf?", „Was möchte Jochen?", „Welche Argumente werden verwendet?" usw. Im Klassengespräch kann der Dialog dann in Stichworten an der Tafel so zusammengefaßt werden:

Rolf	Jochen
Jochen soll mitspielen	ist krank, hat Fieber möchte nicht spielen
findet Fieber nicht schlimm	Arzt sagt, soll im Bett bleiben
Arzt nicht wichtig	will nicht mitspielen Gesundheit ist wichtiger
geht weg wünscht gute Besserung	

6. KT spielen den Dialog und verwenden dabei zunächst die Zusammenfassung aus Schritt 5. KL spielt eventuell mit einem oder zwei KT Beispiele vor. In einem zweiten Schritt können die KT dann den Dialog frei spielen und mit anderen Argumenten ausbauen.

Alternative zu 6 (für schnellere Lerner)

Der KL legt einzelnen KT-Paaren Handlungskarten mit folgenden Informationen vor.

Sie spielen in einer Volleyball-gruppe: Ihre Freundin ist krank; Am Sonntag ist ein wichtiges Spiel. Sagen Sie ihr: Sie muß unbedingt mitspielen.	Sie spielen in einer Volleyball-gruppe. Sie sind krank (Grippe, Durchfall). Am Sonntag ist ein wichtiges Spiel. Aber Sie können nicht mit-spielen. Sie sind krank.

Die KT entwerfen nun in Partnerarbeit Dialoge. Je 2 KT spielen sie anschließend vor.

7. Die Gruppen entwerfen Dialoge zu Situation 1 bzw. 2 auf S. 109 und spielen sie anschließend dem Kurs vor. Es bleibt den KT überlassen, ob sie den Ablauf der Argumentation in dem Dialog im KB S. 108 übernehmen wollen oder einen anders verlaufenden Dialog erstellen.

Für die Gruppe, die die Situation 2 bearbeitet, muß vorher im Unterricht geklärt werden:
a) „Arbeitnehmer" – „Arbeitgeber"
b) Was ist eine Arbeitsunfähigkeitsbescheinigung?

c) Wer schreibt die?
d) Was macht man damit?
e) Wann schreibt der Arzt die?
f) Wie muß sich der Arbeitnehmer verhalten?

Diese Fragen können anhand des Formulars und des Textes im KB S.109 beantwortet werden.

Landeskundliche Information zum Gesetzestext

Ein kranker Arbeitnehmer, der nicht zur Arbeit kommen kann, muß spätestens am dritten Tag zum Arzt gehen, sich eine Arbeitsunfähigkeitsbescheinigung ausstellen lassen und sie noch am dritten Tag dem Arbeitgeber vorlegen. Nach Ablauf der Bescheinigung muß er sich oft noch einmal bei seinem Arzt melden. Wenn er noch länger krank ist, braucht er dann eine neue Bescheinigung. Auf jeden Fall muß ihm der Arbeitgeber bei einer längeren Erkrankung sechs Wochen lang den Lohn weiterzahlen; anschließend bezahlt die Krankenversicherung einen Beitrag in Höhe seines Nettolohns.

36–38　8. Bearbeitung der Folien.

B3

Sprechintentionen:	sich nach etwas erkundigen; Vergangenes erzählen
Situation:	Freunde treffen sich
Strukturen:	Perfekt ·
Wortschatz:	Verben zur Beschreibung von Vorgängen (Unfallbeschreibung)

Anregungen zur Unterrichtsgestaltung

19　1. KL erklärt die Situation des Eingangsphotos; Erklärung der Bedeutung der neuen Formen: „Was . . . ist passiert.", „Was *hast* du *gemacht*?" (vgl. KB S. 141, 3)

heute:	Das Bein *ist* kaputt.
	Die Frau *ist* krank.
Samstag:	Was *hast* du *gemacht*?
	Was *ist passiert*?
	Ich *habe* . . . *ge* . . .

2. Die KT lösen die Aufgaben im KB S. 110:
a) Ordnen der Bilder und Sätze, so daß sich drei Geschichten ergeben.
b) Welche Geschichte ist die richtige? Warum?

Die Doppelseite 110/111 bringt drei Geschichten:
Geschichte 1: Bild Nr. 11, 1, 10, 3; Geschichte 2: Bild Nr. 12, 6, 5, 4; Geschichte 3:
Bild Nr. 2, 9, 8, 7. Dieser Unfall ist tatsächlich passiert: hier hat sich das
Mädchen das *Bein* gebrochen (vgl. Eingangsphoto auf S. 110: Mädchen mit
eingegipstem Bein).

3. Die KT geben die Reihenfolge der Bilder an, und ein KT schreibt jeweils eine
der drei Geschichten als fortlaufenden Text an die Tafel bzw. auf die Folie für
den Overheadprojektor.

4. Vorspielen der drei Geschichten. Die KT lesen die Texte an der Tafel oder
auf der Folie mit und vergleichen. Abweichende Lösungen werden analysiert.

5. Die KT unterstreichen alle Perfektformen im Text.

6. Entsprechend mit den Folien arbeiten.

39–41

Zur Grammatik
Die Perfektformen sind zunächst noch ungeordnet. Die KT versuchen dann,
die Partizipien zu ordnen. Dabei wird sich herausstellen, daß sie nach dem
Gesichtspunkt gleichartiger Endungen, nach dem Vorhandensein und der Stellung des Präfix „ge" und nach dem Kriterium des Vokalwechsels zusammengestellt werden können. Dabei entstehen mehrere Gruppen, wobei die Formen
für jedes Verb einzeln gelernt werden müssen, da die Lerner noch nicht
genügend Verben kennen, um eine produktive abstrakte Regel zur Formenbildung des Partizips formulieren zu können (man sieht es einem Verb nicht
ohne weiteres an, auf welche Weise sein Partizip gebildet wird). Darüber
hinaus muß ermittelt werden, ob das jeweilige Verb im Perfekt mit „sein" oder
„haben" gebildet wird. Daraus kann dann schließlich eine Grundformel zur
Bildung des Perfekts abgeleitet werden: transitive Verben (= Verben, die eine
Akkusativergänzung haben können) werden immer mit „haben" gebildet. Darüber hinaus gibt es noch andere Verben, die das Perfekt mit „haben" bilden.
Viele intransitive Verben bilden das Perfekt mit „sein", ebenso die Verben der
Bewegung („gehen", „fahren", „kommen", „fallen") und das Verb „sein".

Die syntaktische Konstruktion eines Perfektsatzes kann zunächst mit dem
Modalverbsatz verglichen werden. Beim Modalverb wird die Satzklammer
durch das konjugierte Modalverb und den Infinitiv des Hauptverbs gebildet, im
Perfekt besteht sie aus einer konjugierten Form von „sein" oder „haben" und
dem Partizip. Der Deutlichkeit halber werden auch beim Perfekt die Infinitiv-
formen des Perfekts über das Satzschema geschrieben, um die Integration der
Verbkonstruktion in den Perfektsatz deutlich zu machen. Schließlich kann der
Perfektsatz auch mit dem Präsenssatz verglichen werden. Die Satzkonstruktion von der fundamentalen Infinitivstruktur her ist auch hier das wichtige
Vergleichskriterium. Zur Perfektbildung bei Verben mit Verbzusatz („weh tun
– weh getan") vgl. im KB S. 132, 2: „Verben mit Verbzusatz".

6. Die KT erzählen noch einmal die tatsächliche Geschichte.

→ AB,
S. 94, 95
Ü 16, 17

7. Mit diesen beiden Übungen können sich die KT die Formbildung und den Satzbau beim Perfektgebrauch einprägen.

Übung Seite 112

1. Die KT lesen den Tagesplan vom Skikurs und schreiben zusammen den Tagesablauf von Hartmut auf. Anschließend Vortrag und Korrektur der Texte im Klassenplenum (evtl. den richtigen Text von einem KT an die Tafel schreiben lassen).

2. KT erarbeiten gemeinsam den Bericht über den Unglücksfall am 30. Januar 1983. KL korrigiert eventuelle Fehler.

3. Schriftliche Fixierung des Textes als Hausaufgabe.

Alternatives Vorgehen

1. (vgl. oben)
2. Die KT bereiten die Übung vor; sie machen sich Notizen zum Ablauf der Ereignisse; anschließend Vortrag und Besprechung im Kursplenum.

→ AB,
S. 95, 96
Ü 18, 19

Hier können die KT die Perfektbildung mit „sein" oder „haben" üben. Die Übungen greifen auf den Wortschatz von Lektion 5 zurück.

34, 35 ⩾◾➤◣
39–41 ◾

Wiederholung des Wortschatzes von B1 und Übung des Perfekts.

C Deutsch phantastisch

Der eingebildete Kranke

Allgemeine Information

Es ist wichtig, daß die KT diesen Text als eine fiktive Humoreske erkennen, nicht etwa als real möglichen Dialog in einer deutschen Arztpraxis; sonst kann es zu falschen landeskundlichen Schlußfolgerungen kommen. (Z. B. werden natürlich in Deutschland, der Schweiz und Österreich die Behandlungskosten nicht sofort in der Arztpraxis, sondern später von der Krankenversicherung oder vom Patienten bezahlt.)

Bei diesem anspruchsvollen Dialog kommt es nur auf ein Globalverständnis des Textes an. Die KT müssen nur die zentralen Aussagen von Doktor und Patient, den Dialogverlauf, d. h. die verschiedenen Klagen des Patienten und die Reaktionen des Arztes darauf, und die witzige Pointe am Schluß verstehen. Der KL sollte die KT hier nicht (wenn sie nicht selbst das Bedürfnis haben) damit ermüden, daß er jedes unbekannte Wort erklärt. Diese $\boxed{C}$-Texte sollen Freude am Spiel mit Sprache wecken. Sie dienen nicht, wie die Hör-/Sprechtexte in den $\boxed{B}$-Teilen, dem Erwerb neuer Redemittel.

Anregungen zur Unterrichtsgestaltung

1. Klären des Situationsbildes.

2. KL liest den Text mit einem KT bei sonst geschlossenen Büchern vor.
oder
Vorspielen des Textes auf Cassette; KT lesen im Kursbuch mit.
oder
Die KT lesen den Text für sich. Anschließend Vorspielen des Textes von der Cassette.

3. Erklären wichtiger Wörter für ein Global-Verständnis. Danach Überprüfung des Globalverstehens z. B. durch folgende Fragen:
a) „Was passiert hier? Was ist hier los? Erzählen Sie."
b) „Erklären Sie die Überschrift. Was heißt eingebildet?"
c) „Warum ist der Patient ein eingebildeter Kranker? Beschreiben Sie."
d) (muttersprachlich): „Wie verhält sich der Patient? Worüber klagt er? Wie verhält sich der Doktor im Gespräch?"
e) „Ist das eine typische Sprechstunde in Deutschland?"
f) „Der Kranke: was ist das für ein Mann? Warum fängt er am Schluß wieder an zu schwitzen?"

4. Lesen des Textes mit verteilten Rollen. Es kann den KT Spaß machen, dabei den wehleidigen Kranken sprachlich und mimisch herauszuarbeiten; ebenso den anfangs ratlosen, dann aber ungeduldig und ärgerlich werdenden Doktor.

5. Die KT schreiben einen kürzeren Dialogtext; gegebenenfalls mit neuen Einfällen. Sie üben ihn ein und spielen ihn dem Kurs vor.

Zusammenfassung der allgemeinen Hinweise für den Unterricht:

a) Wie kann man mit den Hör-/Sprechtexten im Kursbuch arbeiten?

1. Bildbeschreibung bei abgedecktem Text. Klärung der Situation: „Was sagen die Personen wohl?" Sammeln der Vermutungen der KT an der Tafel oder auf der Folie.

2. *KT entwerfen aufgrund ihrer Bildbeschreibung und ihrer Vermutungen einen Dialog. KL hilft dabei. 2 KT spielen den Dialog vor.*

3. Zweimal Vorspielen des Dialogs. KL stellt Fragen zum Globalverständnis und erklärt wichtige Wörter. Dabei können einzelne Repliken nochmals vorgespielt werden.

4. Phonetische Übung zu Aussprache, Intonation und Akzentsetzung: KL spielt jede einzelne Replik vor, KT sprechen sie nach (einzeln, nicht im Chor). Bei Korrektur Replik von der Cassette wiederholen (nicht vorsprechen).

5. *KL spielt mit einem KT den Dialog vor. Anschließend spielen 2 KT den Dialog. Es darf nicht erwartet werden, daß die KT genau den Originaldialog reproduzieren.*

6. Nochmaliges Vorspielen des Dialogs. KT lesen jetzt mit. Danach gegebenenfalls noch unbekannte Wörter klären. KT vergleichen ihre Arbeitsergebnisse aus 1 oder 2 mit dem Text im KB.

7. *KT lesen den Dialog mit verteilten Rollen.*

8. KT spielen den Dialog. Bücher schließen. KL faßt den Dialog (als Gedächtnishilfe) in Stichworten zusammen und schreibt diese in Sprechpfeile eines Dialoggeländers an die Tafel oder auf die Folie, etwa so:

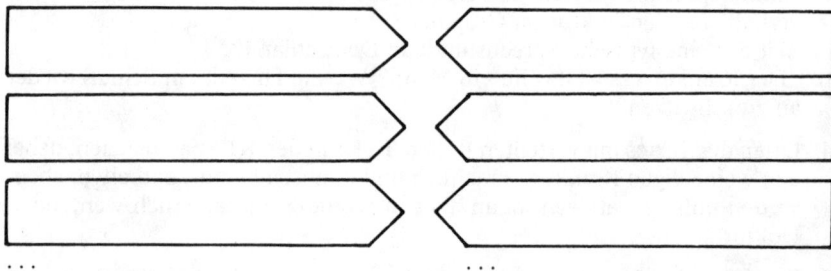

Die KT benutzen die Stichworte als Hilfe, sollen aber durchaus schon kleine Variationen, die von den vorgegebenen Stichworten abweichen, in ihre Rollenspiele einbauen.

9. *KT lesen die Redemittel in den Sprechpfeilen unter dem Dialog im KB. KL erklärt neue Wörter.*

10. KT entwerfen in Partner- oder Gruppenarbeit mit Hilfe des Dialoggeländers (eventuell auch frei) Dialogvarianten, lesen sie vor und spielen sie dann möglichst ohne schriftliche Vorlage (nur als Gedächtnishilfe). KT hilft insbesondere mit Worterklärungen.

11. *KL faßt neue Dialogvarianten oder solche aus dem Dialoggeländer in Stichworten zusammen. Diese Stichworte schreibt er in Sprechpfeilen geordnet (s. Schritt 8) an die Tafel oder auf die Folie, so daß sich ein Dialoggeländer ergibt. Verändert er die Situation oder die Sprecher, muß er entsprechende Informationen über Alter, Beruf, Intentionen der Sprecher und über*

die Situation unter das Dialoggeländer schreiben. Für diesen Schritt und für Schritt 8 enthält das Folienprogramm eine entsprechende Leerfolie.

Nicht alle diese Schritte sind bei der Arbeit mit Hör-/Sprechtexten notwendig. Je nach Situation im Kurs können die *kursiv* gedruckten Schritte (2, 5, 7, 9 und 11) ausgelassen werden.

b) Wie kann man mit den Hörtexten arbeiten?

Diese Texte müssen nicht in allen Einzelheiten verstanden werden. Sie sollen beim KT die Fähigkeit schulen, aus einer Fülle von Informationen die wichtigsten Kernaussagen entnehmen zu können.

Version 1:

1. Beschreibung des (der) Photos: Klären der Situation, um beim KT das nötige Verständnis aufzubauen.

2. Zweimal Vorspielen des Hörtextes.

3. Lesen der Aufgabe(n) im Kursbuch.

4. Nochmaliges Vorspielen.

5. Lösen der Aufgaben.

6. Auswertung im Kurs. Nochmaliges Vorspielen der Textstellen, bei denen Schwierigkeiten oder Fehler auftauchen.

Version 2:

1. Bildbeschreibung (wie bei Version 1)

2. Lesen der Aufgabe(n), um die Aufmerksamkeit der KT auf die wichtigsten Stellen zu lenken.

3. Zweimal Vorspielen des Hörtextes.

4. Gegebenenfalls nochmaliges Vorspielen

5. Lösen der Aufgabe.

6. Auswertung im Kurs. Nochmaliges Vorspielen der Textstellen, bei denen Schwierigkeiten oder Fehler auftauchen.

c) Zur Behandlung der Texte in den Arbeitsbüchern

Die Texte in den Arbeitsbüchern sind sowohl zur privaten Lektüre des Lerners als auch zur Behandlung im Unterricht gedacht. Der KL sollte daher die KT möglichst von Anfang an dazu motivieren, nicht nur die Übungen, sondern auch die Texte im Arbeitsbuch selbständig zu erarbeiten. Daher ist es wichtig, daß er die ersten Lesetexte mit ihnen gemeinsam im Kurs unter dem Gesichtspunkt erarbeitet, wie sie selbst sie am besten erschließen können. Unter anderem muß dabei in die Arbeit mit dem Glossar eingeführt werden. Das Glossar bietet Schlüsselwörter zu allen Texten im Arbeitsbuch in der jeweiligen ausgangssprachlichen Übersetzung. Außerdem sollte der KL die KT dazu anleiten, nur die Kerninformationen aus den Texten zu entnehmen. Jede Überdidaktisierung im Sinne einer ausführlichen Detailanalyse des Textes und einer ausgiebigen Diskussion im Unterricht sollte vermieden werden.

Wie kann man mit den Texten in den Arbeitsbüchern arbeiten?

Generelle Hinweise, exemplarisch dargestellt an Lektion 9:

Inland

→ AB, S. 97
Inland
Text

Arztschilder

1. KT klären gemeinsam, welcher Arzt für welchen Bereich zuständig ist.

Mögliche Dialogübung:

36

Kopfschmerzen
Zahnschmerzen
Kind hat Fieber
Augen tun weh
. . .

○ Was hast du denn?
□ Kopfschmerzen.
○ Geh doch mal zum Arzt.
□ Zu wem denn?
○ Zu Dr. Kalbscheidt!
□ Wann hat der denn Sprechstunde?
○ Heute von 9–15 Uhr.
(Weiß nicht. Ruf doch mal an.)

→ AB, S. 97
Inland
Text

Gebrauchsinformation: Aspirin:

1. KT lesen die Information und unterstreichen alle Wörter, die sie verstehen.
2. KT beantworten folgende Fragen zum Globalverständnis.
a) Wann hilft Aspirin?
Nennen Sie Krankheiten.
b) Wer darf das Medikament nehmen?
c) Wieviel dürfen Kinder bis 5 / ab 5 Jahren nehmen?

d) Wieviel dürfen Erwachsene jeden Tag nehmen?
e) Was heißt „Einzeldosis", „Tagesdosis"?
f) Wie nimmt man das Medikament ein?

Der Placebo-Effekt

→ AB, S. 97
Inland
Text

1. KT lesen den Text und unterstreichen alle Wörter, die sie verstehen.
2. KT erarbeiten gemeinsam: „Welche Wörter sind im Text besonders wichtig
(Schlüsselwörter)?"

Ärzte hören es nicht gern und wollen nicht gern darüber sprechen, denn medizinisch erklären kann man es nicht. Aber es gibt ihn doch: den Placebo-Effekt.
Placebos – das sind Medikamente, die eigentlich gar keine Medikamente sind. Sie sehen aus wie Medikamente und schmecken auch wie Medizin, aber es sind nur Tabletten aus Zucker u. Wasser. In vielen Experimenten hat man gezeigt, wie man Menschen mit Placebos gesund machen kann. Ein Experiment war z. B. folgendes: 30 Patienten mit starken Magenbeschwerden bekommen 10 Tage Placebos. Sie wissen das nicht und glauben, sie machen eine Therapie mit Medikamenten. Interessant ist das Resultat: 35 % der Patienten hatten nach der Therapie keine Magenbeschwerden mehr. Warum ist das so? Bis heute können Mediziner den Placebo-Effekt nicht erklären. Haben vielleicht doch die Leute recht, die gegen zu viel Chemie in der Medizin sind? Machen Medikamente die Patienten wirklich gesund? Über die Frage müssen die Ärzte noch viel mehr diskutieren.   bts

---

Gesetzliche Krankenversicherung

→ AB,
S. 98, 99
Inland
Text

1. KT lesen den Text.
2. KL erarbeitet mit KT folgendes Diagramm:

1850	**1883**	**heute**
kranke Arbeitnehmer	Erste Gesetzliche Krankenversicherung	Gesetzliche Krankenversicherung
kein Lohn, wenig Geld, (nur wenige Leute in der Krankenversicherung)	alle Arbeiter in der Versicherung	
können Arzt können Medikamente nicht bezahlen nicht bezahlen		Angestellte mit alle weniger als Arbeiter 3750,– DM Monatsgehalt

> **Was bezahlt die Krankenkasse?**
> 1. Den Arzt.
> 2. Medikamente und Brillen.
> 3. Ungefähr 60% der Kosten für Zahntechnik (z. B. neue Zähne).
> 4. Krankenhaus.
> 5. Krankengeld.

3. Der KL muß wichtige Begriffe, z. B.:
Solidargemeinschaft, Krankengeld, Krankenschein erklären.

4. Vergleich mit der Situation im eigenen Land:
a) Haben Sie Krankenkassen?
b) Wer bezahlt den Arzt, das Krankenhaus?
c) Wie teuer sind Ärzte und Krankenhaus?

→ AB, S. 99
Inland
Text
Krankenschein

1. KT füllen den Krankenschein aus; anschließend gemeinsame Besprechung und Korrektur. Hinweise darauf a) Wie bekomme ich einen Krankenschein?
b) Wann muß ich ihn wohin mitnehmen?

→ AB,
S. 98, 99
Ausland
Text
Ausland

Gold im Mund – Zahnarzt gesund!

1. KT lesen den Text und unterstreichen alle Wörter, die sie verstehen.

2. KT gliedern den Text:
a) Sie teilen den Text in Abschnitte ein.
b) Sie suchen für jeden Abschnitt eine Kurzinformation.

Beispiel:

> a) Zahnärzte sind heute sehr teuer. Deshalb gibt es das Kostendämpfungs-
>   gesetz.
> b) Manche Ärzte finden das Gesetz gut: Die Leute brauchen nicht immer
>   Gold. Metall ist billiger und auch sehr gut.
> c) Ist Geld für Ärzte wichtiger als der Patient?
> d) Die Preise für die Zahnbrücke sind sehr verschieden: 1000,– DM,
>   1896,– DM und 2639,– DM.
> e) Professor Berger sagt: „Idealismus gibt es in unserem Beruf schon lange
>   nicht mehr."

Gegebenenfalls sollte der KL diese Gliederung und die Kurzinformationen selbst herstellen und an die KT als Lesehilfe austeilen. Aufgabe: Die KT streichen im Originaltext alle Informationen weg, die sie nicht in der Kurzinformation finden.

3. Unbedingt notwendig ist ein anschließendes Gespräch über diesen Text, der polemisch die hohen Arztkosten in der Bundesrepublik Deutschland angreift. Vorsicht vor der Generalisierung, daß jeder deutsche Zahnarzt ein Geldwucherer ist.

Hägar der Schreckliche

Zur Privatlektüre.

→ AB, S. 97
Ausland
Text

fünfter sein (Ernst Jandl)

1. KT lesen das Gedicht.
2. KL: a) „Was meint dieses Gedicht?
   Wovon erzählt es?
   b) Das Gedicht zeigt die Situation in Deutschland. Dort haben die Ärzte häufig nicht genug Zeit für die Patienten.
   Wie ist das hier in Ihrem Land?
   c) Wie beurteilen Sie die Ärzte in Ihrem Land?"

→ AB, S. 97
Ausland
Text

Gegen Durchfall hilft eine Salz-Zucker-Lösung

1. KT lesen den Text.
2. KL sammelt die Informationen, die die KT verstanden haben und erklärt wichtige Wörter. KL stellt dann Fragen zum Globalverständnis.
3. Eventuell nochmaliges Lesen.
4. Klassengespräch:
a) Gibt es in Ihrem Land häufig Durchfallerkrankungen?
b) Welches Medikament nimmt man hier?
c) Was meinen Sie: Hat der deutsche Text recht?
Soll man weniger Medikamente nehmen?

→ AB, S. 97
Ausland
Text

Die erste Unterrichtsstunde

Der ersten Unterrichtsstunde kommt eine besondere Bedeutung zu, weil von ihrer Gestaltung und der Reaktion der KT darauf unter Umständen der Erfolg des ganzen Kurses mitbestimmt wird. Hier kann sich schon entscheiden, ob der KT das Gefühl hat, im „richtigen" Kurs zu sein, ob er sich den auf ihn zukommenden Aufgaben gewachsen fühlt, ob er motiviert wird, sich eingehender mit der deutschen Sprache zu beschäftigen. Deshalb kommt es darauf an, von Anfang an eine entspannte und motivierende Arbeitsatmosphäre zu schaffen. Eine erste Vorbedingung dafür ist eine aufgelockerte Sitzordnung. Außerdem empfiehlt es sich, in einer sprachlich homogenen Klasse, deren Muttersprache der KL beherrscht, mit einem Gespräch zu beginnen. KL und KT sollen sich gegenseitig vorstellen (evtl. auch den Beruf nennen). Die KT können kurz die Gründe beschreiben, warum sie den Sprachkurs besuchen möchten. Im Anschluß daran (oder spätestens zu Beginn der nächsten Stunde) sollte der KL kurz die verschiedenen Arbeitsmaterialien beschreiben und zur Konzeption die Gesichtspunkte hervorheben, die für die KT von Interesse sind:

1. Im Vordergrund des Unterrichts steht nicht das Erlernen von Grammatikregeln der deutschen Sprache. Ziel des Kurses ist, daß die KT möglichst schnell in der Lage sind, ihre eigenen Bedürfnisse auf deutsch zu formulieren und auf deutsche Äußerungen richtig zu reagieren. Das Erlernen der Grammatik ist nur eines der verschiedenen Hilfsmittel zu diesem Ziel. Der KL kann– wenn es angebracht ist – in diesem Zusammenhang auf die Grammatikdarstellung im Anhang des KB und auf die grammatischen Übungen in den Arbeitsbüchern hinweisen.

2. Die KT sollen möglichst viel Deutsch sprechen, und der KL sollte sie immer wieder ermutigen, von Anfang an Fragen in der Zielsprache zu formulieren, wenn sie etwas nicht verstanden haben.

3. Das Lehrwerk hat eine flache, d.h. langsame Progression, und einen klaren Aufbau der Lektionen. Plötzliche Anstiege im Schwierigkeitsgrad (nach den ersten ‚einfachen' Lektionen) muß der KT nicht befürchten.

4. Die Arbeitsbücher bieten die Möglichkeit, (größtenteils zu Hause) den neuen Stoff weiter zu vertiefen und zu wiederholen. Außerdem bieten sie für die Privatlektüre interessante deutsche Originaltexte, die der KT auch ohne Hilfe des KL sich selbst erarbeiten kann.

5. Immer wieder sollen die KT ermutigt werden, ihr bereits vorhandenes sprachliches und sonstiges Vorwissen zu aktivieren, z.B. Wörter und Sätze einzubringen, die sie bereits kennen. So können sie erfahren, daß sie bereits viel mehr von der fremden Sprache kennen, als sie bisher vermuten.

Dieser Zielsetzung dient auch der folgende Einstieg in den Unterricht anhand der Collage auf S. 2 und 3 im KB.

Einstiegscollage (auf der inneren Umschlagseite)

1. Der KL läßt die Doppelseite am Anfang des KB aufschlagen und stellt in der Muttersprache der KT die Frage (oder läßt die KT diese Frage in ihrer Muttersprache lesen): „Was verstehen Sie hier?" Anschließend Sammeln der Begriffe, deren Bedeutung die KT bereits kennen oder verstehen können, sei es, weil es sich um internationale Begriffe handelt, sei es, weil die Bedeutung aus dem Zusammenhang von Situation auf dem Foto und Text erkenntlich ist (z. B. das Wort „Supermarkt").
2. Weiteres Sammeln von Begriffen, die die KT schon als deutsche Wörter kennen, z. B. „Kindergarten", „Volkswagen", „Autobahn", „Leitmotiv" usw.

Alternatives Vorgehen

Der KL kann auch eine deutsche Zeitung mitbringen und an die KT austeilen. Auch hier lautet die Aufgabe: „Was verstehen Sie hier?"

3. Bearbeitung der Folien. 1–3

Dieser Einstieg in den Unterricht sollte zügig durchgeführt werden. Im zweiten Teil der ersten Doppelstunde kann dann mit der Lektion 1 begonnen werden.

Lektion 1

Thema: Erste Kontakte

Allgemeine Information

Der Einstieg in die Lektion $\boxed{A}$ und der Lernabschnitt $\boxed{B1}$ unterscheiden sich in der Anlage von den späteren Lektionen: Es kann hier nicht auf sprachliches Vorwissen zurückgegriffen werden, sondern es werden zunächst einmal die verschiedenen Vorstellungs- und Begrüßungsformen neu eingeführt, die sich zu Beginn eines Kurses anbieten.

A Einstieg in das Thema der Lektion

Anregung zur Unterrichtsgestaltung

1. KL stellt sich vor und schreibt seinen Namen an die Tafel.
2. Er wiederholt seinen Namen und fragt einen KT „Ich heiße . . . . Wie heißen Sie?" (Der KL hilft bei der Antwort).
3. Anschließend Kettenübung: jeder KT stellt sich vor und fragt dann seinen Nachbarn; der antwortet und fragt wieder seinen Nachbarn: „Ich heiße . . . Wie heißen Sie?". „Ich heiße . . ." usw.; der KL korrigiert dabei die Aussprache.
4. Der KL wendet sich an einen KT, zeigt auf dessen Nachbarn und fragt: „Wer ist das?" Antwort: „N. N." oder „Das ist . . ." (evtl. hilft der KL bei der Antwort).
5. Anschließend Kettenübung im Kurs: Jeder stellt seinen rechten Nachbarn vor, nachdem der linke Nachbar gefragt hat; dabei phonetische Korrektur durch den Lehrer.

Wenn das KB in den ersten Unterrichtsstunden noch nicht vorliegt, können in ähnlicher Weise die Redemittel „Guten Tag, mein Name ist . . .", „Er/Sie heißt . . .", „Wie bitte? Ich verstehe nicht." eingeübt werden.
(Am Schluß der ersten Doppelstunde Einführung von „Auf Wiedersehen".)
6. Die KT schlagen KB, S. 7 auf, lesen die Sprechblasen und ordnen dann die zusammengehörenden Sprechblasen zu Mini-Dialogen zusammen (Numerierung der zusammenpassenden Äußerungen). Wenn möglich, gibt der KL dazu in der Muttersprache die Arbeitsanweisung: „Was paßt zusammen? Bilden Sie Dialoge".

Bei multinationalen Klassen hilft der KL bei der ersten Zusammenführung der passenden Dialogpartien. Bei den weiteren Minidialogen läßt er sich die Abfolge der zusammengehörenden Repliken diktieren und schreibt sie an die Tafel.

Sprechsituationen:	jemanden grüßen und darauf reagieren; sich vorstellen; Gespräch sichern durch Rückfrage, Bitte um Buchstabieren; den Namen von jemandem erfragen; bejahen; verneinen
Situation:	Vorstellung im Kurs
Strukturen:	Aussagesatz; Wort- und Satzfrage; Inversion; Konjugation Präsens 1. Person Singular und 2. Person Plural; Personalpronomen *ich, Sie*

Anregungen zur Unterrichtsgestaltung

Übung 1
1. Zweimal Vorspielen des Minidialogs.
2. Dann noch einmal Vorspielen des Dialogs, nach jeder Replik die Cassette anhalten und die KT nachsprechen lassen. Die KT üben neu: „Mein Name ist . . ." Der KL korrigiert Aussprache und Intonation.
3. Die KT üben den Dialog zu zweit.

Übung 2
1. Der KL spielt diesen Dialog und seine Varianten aus dem Dialoggeländer mit einzelnen KT vor.
2. Zweimal Vorspielen der Minidialoge.
3. KL ermutigt zu kleinen Rollenspielen: ein KT steht auf, geht zu einem KT und beginnt: „Entschuldigung, sind Sie . . .?" Diese Rollenspiele werden einige Male wiederholt. Der Lehrer korrigiert Aussprache und Intonation.
(4. Alle KT spielen den Dialog mit ihrem Nachbarn.)

Übung 3
1. Zweimal Vorlesen des Alphabets. KT sprechen die Buchstaben nach.
2. Anschließend Üben des Alphabets, indem mehrere KT ihre Namen buchstabieren, andere KT schreiben die Buchstaben an die Tafel.
3. Zweimal Vorspielen des Dialogs. Dann phonetische Übung: Vorspielen und Nachsprechen der einzelnen Repliken.
4. KL spielt den Dialog mit einem KT nach (KL stellt sich selbst vor); dabei nehmen beide das KB, S. 8 unten zur Hilfe.
5. Zwei weitere KT spielen den Dialog mit Hilfe des KB vor dem Kurs vor (auch hier wird der eigene Name eingesetzt).
6. Der KL erklärt das Dialoggeländer im KB, S. 8. Die farblich unterschiedenen Gesprächspfeile geben jedem der beiden Gesprächspartner die Möglichkeit, schnell seine Rolle zu finden. (In einem Pfeil sind verschiedene Redemittel alternativ aufgelistet. Der KT hat hier die Möglichkeit auszuwählen.) Alle KT spielen den Dialog mit ihrem Nachbarn durch.
7. Spiel: Man gibt einen Buchstaben aus einem den KT bekannten Wort vor; die KT nennen andere Buchstaben und erraten so nach und nach das Wort. Ein falscher Buchstabe bedeutet 1 Punkt. Wer die meisten Punkte hat, hat verloren.

Übung 4
1. KL spielt den Dialog mit einem KT vor.
2. Zweimal Vorspielen der zwei Dialogvarianten. Dann phonetische Übung: Vorspielen und Nachsprechen der einzelnen Repliken.

Landeskundliche Information
Der KT erklärt die Form „Fräulein" für die unverheiratete Frau. Durch die Emanzipationsbewegung wird diese Anrede immer weniger üblich. Auch ledige Frauen werden zunehmend mit „Frau . . ." angeredet.

3. Lesen der Dialogvarianten mit verteilten Rollen. KL hilft – wenn nötig – noch einmal bei der Orientierung im Dialoggeländer.
4. Alle KT spielen den Dialog, indem sie sich einen Ansprechpartner im Kurs wählen. Der KL ermutigt sie, nicht nur den Nachbarn, sondern auch andere KT anzusprechen.

Zur Grammatik
In der Übersicht auf S. 124 im KB lernt der Schüler bereits das Grundschema des deutschen Satzes kennen. Es besteht aus: Verb, obligatorischer Ergänzung, Subjekt und freier Angabe. Zunächst werden aus [B1/1] verschiedene Aussagesätze gesammelt und so an die Tafel/Overheadprojektor geschrieben, daß jeweils senkrecht Subjekt unter Subjekt, Verb unter Verb, Angabe unter Angabe und obligatorische Ergänzung unter obligatorischer Ergänzung steht. Zwischen Verb und Angabe muß dabei Platz gelassen werden für die zweite „Subjekt"-Leerstelle. Dann werden die Infinitivkonstruktionen aus diesen Sätzen ermittelt und über die Sätze an die Tafel geschrieben, so daß die obligatorischen Ergänzungen senkrecht über den obligatorischen Ergänzungen der Sätze stehen (wenn sie gleich „Null" sind, wird das durch einen Strich markiert). Dann können darüber, nach Bedarf, die Bezeichnungen „Subjekt", „Verb" usw. geschrieben werden.
Die Verneinung „nicht" ist syntaktisch als freie Angabe zu verstehen, denn sie kann, je nach Zusammenhang, auch weggelassen werden. Da jeder Satz auf einer bestimmten Valenz eines Verbs aufbaut, bestimmt dieses Verb das notwendige Vorhandensein oder Nichtvorhandensein der Satzteile, insbesondere des Subjekts und der oligatorischen Ergänzung. Angaben sind insofern „frei", als sie nicht notwendige Teile der Verbvalenz sind und somit nach Belieben des Sprechers hinzugesetzt oder weggelassen werden können. Sie sind jedoch insofern nicht frei, als sie unter Umständen wichtige Informationen, die der Sprecher geben will, transportieren. Insofern sind sie dem Äußerungsbedürfnis des Sprechers oder der Notwendigkeit der Sprechsituation unterworfen. Schließlich ist es ein großer Unterschied, ob ich sage: „Ich verstehe" oder „Ich verstehe nicht".
Zum besseren Verständnis und zum Erkennen der zentralen Funktion von Verb und obligatorischer Ergänzung werden diese beiden jeweils mit den pfeilförmigen Einrahmungen wie in der Grammatikübersicht versehen.
Eine grundsätzliche Bemerkung zu Intonation und Satzakzent: Zielpunkt ei-

nes deutschen Satzes ist im allgemeinen die obligatorische Ergänzung. Deshalb trägt sie den Satzakzent, d. h. die stärkste Betonung im Satz. Auf eine korrekte Satzbetonung muß daher von Anfang an Wert gelegt werden. Sie trägt wesentlich zum Verständnis der deutschen Satzstruktur bei und dient auch dem besseren Behalten einmal gelernter Verben und ihrer Ergänzungen. Von dieser Betonungsregel gibt es nur zwei Ausnahmen: a) Unter gewissen Kontextbedingungen kann ein anderes Satzelement als die obligatorische Ergänzung die stärkste Betonung tragen („Kontrastakzent"; vgl. S. 23). b) Wenn keine obligatorische Ergänzung vorhanden ist (d. h. bei einwertigen Verben), trägt das Verb selbst den Satzakzent: „Verstehen Sie nicht?", „Buchstabieren Sie bitte!" Danach werden die Satzfragen im Text ermittelt und ebenfalls bündig unter die bisherigen Beispiele geschrieben. Hierbei stellt man fest, daß es eine zweite Leerstelle für „Subjekt" hinter dem Verb gibt, die in der Terminologie-Leiste oben ergänzt wird. Das gleiche für die Imperativkonstruktion.

Aus den Beispielen an der Tafel werden dann die Personalpronomen isoliert und mit den zugehörigen Verbformen zusammen nach dem Muster von Nr. 2 auf S. 125 im KB aufgeschrieben, wobei die Verbendungen unterstrichen werden.

Übung 5

Dieser Dialog sollte am besten am Anfang einer neuen Doppelstunde stehen und als Einführung in den Unterricht dienen. Er sollte nicht einfach an die anderen Übungen angehängt werden, damit es nicht zu einer Ermüdung der KT bei der Erarbeitung der Minidialoge kommt. Vor allem den KT aus englischsprachigen Ländern sollte man hier den Unterschied der deutschen Nachfrage „Wie geht es Ihnen?" zum „How are you?" deutlich machen. Es handelt sich hier um eine Frage nach dem Befinden, nicht um eine bloße Begrüßungsform. Dementsprechend reagiert man in Deutschland auf die Frage, indem man – so ausführlich, wie man möchte – über seine eigene Befindlichkeit Auskunft gibt. Dieser kleine Dialog eignet sich gut zum Einstieg auch in späteren Kursstunden. Der KL sollte diese Nachfrage nach dem Befinden öfter an den Anfang einer Kursstunde stellen, damit die KT diese zwar ritualisierte Form der Kontaktnahme, die aber durchaus Raum läßt für persönliche „Töne", möglichst flüssig beherrschen.

Alternatives Vorgehen

Übung 2

1. Nach der Erarbeitung von [A] spielt der KL den Dialog Nr. 2 im KB, S. 8 mehrmals mit verschiedenen KT vor.
2. Er fordert dann andere KT auf, diesen Dialog durchzuspielen.
3. KT spielen diesen Dialog mit ihrem Nachbarn.

Übung 4

1. Der KL spielt den Dialog mit mehreren KT vor.
2. Einige KT spielen den Dialog.

3. Vorspielen des ganzen Dialogs.
4. Nochmaliges Vorspielen; die KT lesen dabei den Text im KB mit.
5. Die KT lesen Dialogvarianten mit verteilten Rollen (der KL erklärt zuvor das Dialoggeländer).
6. Alle KT spielen Dialogvarianten durch und erfragen dabei verschiedene Personen (Herr, Frau, Fräulein . . .) von ihrem Nachbarn.

Übung 5
1. Der KL spielt den Dialog mit mehreren KT. Er macht dabei mimisch die Bedeutung der einzelnen Aussagen deutlich.
2. Vorspielen der verschiedenen Dialogfassungen bei geschlossenen Büchern. Dann phonetische Übung: Vorspielen und Nachsprechen der Repliken. KT lesen dann den Text im KB, S. 9.
3. KL fragt einen KT, wie es ihm geht. Der antwortet und fragt seinen Nachbarn usw.

4. KT spielen Dialogvarianten mit ihrem Nachbarn.

→ AB, S. 5
Ü 1

→ AB, S. 11   *Who is Who?*
Text   (vgl. allgemeine Bemerkungen S. 61 ff.)

B1

2

Sprechintentionen:	Herkunftsland (-ort) erfragen und darauf reagieren
Situation:	im Kurs
Strukturen:	Frage mit *woher?* Präposition *aus*
Wortschatz:	Ländernamen, Kontinente

Anregungen zur Unterrichtsgestaltung

1. In einem multinationalen Kurs im Inland: KL stellt sich vor: „Ich komme aus . . ., und woher kommen Sie?" und spielt den Dialog auf S. 10 mit einigen KT durch.
In einem national homogenen Kurs im Ausland wird diese Übung nicht auf das Herkunftsland, sondern auf den Herkunftsort oder Geburtsort / Region / Bezirk bezogen.

2. Zweimal Vorspielen des Minidialogs.
3. Anschließend befragen sich die KT gegenseitig.

Kärtchen

4. Dabei evtl. Hinweis auf die sprachlichen Ausnahmen (vgl. Merkzettel). An dieser Stelle soll der KL kurz die Funktion dieser Merkzettel im KB erläutern:

Sie weisen auf den grammatischen „Stoff" des jeweiligen Lernabschnitts hin und demonstrieren dabei in knappster Form sprachliche Regularitäten des Deutschen.

→ AB, S. 5, 6
Ü 2, 3, 6
→ AB, S. 10
Ü 14

Allgemeine Information

B1

Diese beiden Dialoge transferieren den Wortschatz und die Strukturen, die in den vorangegangenen Schritten eingeführt und geübt werden, in einen surrealen Kontext. Es werden hier keine neuen Strukturen eingeführt. Sprache wird hier nicht mehr in ihrer alltagspraktischen, sondern in ihrer fiktionalen Funktion vorgestellt. Es geht hier zum ersten Mal um das Spiel mit Sprache, das bei den KT Freude und Kreativität wecken soll.
Wenn man die beiden Dialoge im Unterricht behandelt, sollte man unbedingt die Cassette hinzuziehen, damit der surreale Charakter dieser Texte nicht nur durch die Zeichnungen, sondern auch akustisch vermittelt wird.

Anregungen zur Unterrichtsgestaltung

1. KT sehen bei abgedecktem Text das Bild oben auf S. 11 im KB an und hören dabei den Dialog.
2. Klären der Zeichnungen:
„Wer ist das?" „Das ist Herr Fisch." „Und das ist Herr Bach."
3. Nochmaliges Vorspielen; nach jeder Replik den Cassettenrecorder stoppen; die KT ordnen zu: „Wer sagt was?" Danach phonetische Übung: Vorspielen und Nachsprechen der Repliken.
4. Zwei KT lesen den Dialog mit verteilten Rollen. Sie können den Dialog wie ein kleines Theaterspiel vortragen (z. B. entsprechende mimische Gesten bei „Bach" und „Fisch").
5. Zwei weitere KT spielen den Dialog mit den Rollen „Mond" und „See" durch. Sie können dabei wieder die Begriffe „Mond" und „See" gestisch darstellen.
6. Zweimal Vorspielen des zweiten Dialogs; evtl. Erklärung oder Übersetzung des neuen Wortes „komisch". Zuordnen: „Wer sagt was?". Danach phonetische Übung: Vorspielen und Nachsprechen der Dialoge.
7. Lesen und Durchspielen des Dialogs und der weiteren Varianten „Kuh – Faß", „Wein – Berg" (wie oben).

B2 1

Sprechintentionen:	den Namen und das Herkunftsland einer Person erfragen
Strukturen:	Personalpronomen 3. Person Singular und Plural; Konjugation des Verbs: 3. Person Präsens Singular und Plural; entsprechende Formen von *sein*, Inversion

Anregungen zur Unterrichtsgestaltung

1. KT lesen die Collage mit Text auf S. 12 im KB.
2. KL erklärt die Personalpronomen „er"/„sie" und „sie" (pl) mit den entsprechenden Verbformen und die Strukturen „Das ist . . ." an den drei Legenden unter den Bildern von Maria Theresia, Willy Brandt und Dick und Doof. Gegebenenfalls an dieser Stelle Erarbeitung der Grammatikübersicht von S. 125, 2 im KB.
3. „Wer ist das?" (KL zeigt auf Brandt) „Das ist . . ." usw. „Wer ist Nr. A?" . . . „Woher kommt . . .?" „Ist das . . .? „Kommt . . . aus . . .?" usw. Wichtig ist, daß hier die KT auch die Form „Das weiß ich nicht." lernen.

Die KT befragen sich gegenseitig über die Collage. Sie wählen dabei alternative Redemittel im Dialoggeländer aus.

Zur Grammatik

Aus den bisher behandelten Lektionsteilen werden die Wortfragen gesammelt und bündig an die Tafel geschrieben. Das Satzschema wird am Anfang um die Kategorie „Inversionssignal" erweitert, das hier aus den Fragewörtern besteht. Achtung: Die Fragewörter vertreten jeweils die obligatorischen Ergänzungen, nach denen sie fragen. Daher sind auch sie pfeilförmig eingerahmt.

→ AB, S. 6   Diese Übungen wiederholen und vertiefen die Grammatik aus B1 und B2
Ü 4, 5   Sie sollten anschließend im Kurs besprochen werden, damit grammatische
→ AB, S. 7   Schwierigkeiten noch geklärt werden können.
Ü 6, 7   Bevor die KT diese Übungen für sich erarbeiten, sollte der KL mit ihnen die
→ AB, S. 9   Grammatikübersicht im KB, S. 124 und 125, 2 besprechen.
Ü 13

5, 6   Comicfiguren, Sprechblasen.

B2 2

Leseverstehen:	Die KT sollen aus der Teilnehmerliste Namen, Land und Wohnort entnehmen können
Textsorte:	Teilnehmerliste für einen Sprachkurs Deutsch

Allgemeine Information

Die KT sollen aus diesem ersten Lesetext die wichtigsten Informationen entnehmen können. Die Begriffe „Kurs", „Vorname", „Land", „Stadt", „Institut für Deutsch als Fremdsprache" sind ihnen unbekannt. Ihre Bedeutung kann aber leicht aus dem Kontext dieser Liste erschlossen werden.

Anregungen zur Unterrichtsgestaltung

1. KT sehen sich die Teilnehmerliste im KB, S. 13 an. *LV*

2. In der Muttersprache kann der KL folgende Fragen stellen: „Was ist das für ein Text? Was bedeutet das Wort ‚Kurs', ‚Vorname', ‚Land', ‚Stadt', ‚Institut Deutsch als Fremdsprache', ‚Teilnehmerliste'? Woher wissen Sie das?" In einer multinationalen Klasse kann der KL einige leicht identifizierbare Personen aus dem Klassenbild erfragen: „Wer ist das? Woher kommt er?" So kann er überprüfen, ob die KT die Oberbegriffe der Liste verstanden haben. (Die gezeichneten Personen stellen in der Reihenfolge der Kursliste die Teilnehmer dar.)

3. Die KT erstellen gemeinsam eine analoge Teilnehmerliste für ihren eigenen Kurs.

Übung 1, 2 und 3

Das folgende Klassengespräch sollte in Form eines „Quiz" oder Rätselspiels durchgeführt werden. KT beginnt: „Er heißt Roland Brooke. Woher kommt er?" Wer als erster die Antwort weiß, darf weiterfragen. Ein Frage- und Antwortspiel im schnellen Tempo durch alle drei Übungen.

→ AB, S. 8
Ü 8, 9,
10, 11

Wiederholung und Festigung von Bedeutung und Grammatik in B1 und B2.

📖 1

Übung 13 sollte im Kurs ausgewertet werden, da hier auch schon freiere Dialogverläufe verfaßt werden könnten.

Sprechintention:	Telefonpartner erfragen
Situation:	Telefongespräch
Struktur:	Satzfrage: *Ist da nicht ...?*
Wortschatz:	Zahlen

B3

1
+
2

Anregungen zur Unterrichtsgestaltung

1. Die Zahlen im KB, S. 14 vorlesen und dann mehrfach lesen lassen, dabei auf Ausspracheschwierigkeiten achten.

2. Zahlenaufgaben wie auf S. 15 (Übung: „Wieviel ist das?") im KB von den KT entwerfen und lösen lassen.

3. Erklärung der Zahlenbildung anhand der schematischen Übersicht (Zehner-, Hundertbildung usw.).

4. KL schreibt seinen Namen und seine Telefonnummer an die Tafel, liest sie vor; KT nennen ihre Telefonnummern.

5. KL weist KT auf das Situationsbild im KB, S. 14 hin; er erklärt die Situation.

6. Zweimal Vorspielen des Dialogs bei geschlossenen Büchern. Verständnisfragen stellen. Danach Vorspielen und Nachsprechen der Repliken.

7. KL spielt mit einem KT den Dialog nach; er selbst übernimmt dabei den Part der anrufenden Frau und arbeitet stark mit Intonation und Mimik (evtl. Hinweis darauf, daß man sich in Deutschland am Telefon mit Namen meldet).

8. 2 KT lesen den Dialog im Buch mit verteilten Rollen und wählen jetzt unten die Version „Sager: 425 699 – Heinz Meyer: 326 699".

9. Alle KT spielen den Dialog und verwenden ein Beispiel aus den Varianten (unter dem Dialoggeländer).

10. Autonummern; Zahlenübung.

7, 8

Übungen auf S. 15

3

Bei ausreichender Zeit können diese Übungen zum Wortschatz der Lektion und zum Satzbau in Einzel- oder Gruppenarbeit durchgeführt werden. Anschließend Auswertung im Kursforum.

Lösung: Wie viele Wörter finden Sie?: *Kommen, guten, Herr, Frau, Morgen, mein, heißen, Name, auch, ins.* Was heißt das?: *Name, guten Abend, guten Morgen, Frau, danke, heißen.* Wieviel ist das?: *51, 21, 40, 9, 21, 61, 38.* Was paßt nicht?: *du, aus, bin, komme, komme.*

→ AB S. 15
Ü 15

B3

3

Hörverstehen:	ein Kontaktgespräch in Hinsicht auf Name, Herkunftsort, Herkunftsland verstehen können
Textsorte:	Gespräch
Situation:	in der Discothek

Schriftliche Wiedergabe des Gesprächs auf Cassette

Woher kommen Sie?

O Gute Musik hier, nicht?
☐ Ja.
O Sind Sie aus München?
☐ Nein.
O Aha, und woher kommen Sie dann?
☐ Aus England, aus Bristol.

74 Lektion 1

○ Oh, das ist interessant.
   Sie sprechen aber schon gut Deutsch.
□ Danke.
○ Übrigens: Ich heiße Peter Fischer.
   Und wie heißen Sie?
□ Linda Salt.
○ Wie bitte?
□ Linda Salt.

Allgemeine Information

Bei Hörtexten sollten die KT von Anfang an ermutigt werden, auch einen Text
anzuhören, bei dem sie möglicherweise beim ersten Anhören nur wenig verstehen (vgl. die Ausführungen zu LK. 9 S. 47, ebenso auch S. 51). Ein einführendes
Gespräch über die Situation, in der sich die beiden Dialogpartner auf dem Foto
befinden, und darüber, was die beiden möglicherweise reden, baut einen Erwartungshorizont auf, der hilft, diesen Text leichter zu verstehen. Durch die
Übung im KB, S. 15 werden die KT zusätzlich auf die zentralen Aussagen
gelenkt. Einige Nebeninformationen bleiben auf dieser Lernstufe noch unver-
standen. Nur wenn die KT auch diese Stellen verstehen wollen, kann der KL
Hilfe leisten; anderenfalls sollte er von sich aus hierauf keine große Aufmerksamkeit verwenden.
Eines der wichtigsten Lernziele des Anfangsunterrichts besteht darin, dem
Lerner Strategien der ersten Kontaktnahme in der fremden Sprache zu vermitteln. Es geht nicht nur darum, im Unterricht grammatisch richtige Sätze zu
produzieren und zu reproduzieren, der KT möchte auch lernen: Wie knüpfe
ich Kontakte? Wie kommt man in ein Gespräch miteinander?
Nachdem die KT in den vorausgegangenen Abschnitten erste Redemittel zur
Begrüßung und Vorstellung gelernt haben, wird ihnen hier eine weitere Möglichkeit der Kontaktnahme vorgestellt, die bereits über die ritualisierte Vorstellung hinausgeht. Der KT lernt hier eine typische Strategie der ersten Kontaktnahme kennen: sich des gemeinsamen Alltagswissens vergewissern durch Be-
urteilung einer Sache, die beide betrifft: „Gute Musik, nicht?" (andere Möglichkeiten wären z. B.: „Heiß hier, nicht?", „Doofe Typen hier, oder?"). Damit
ist die Voraussetzung geschaffen für das folgende kleine „Interview".

Anregungen zur Unterrichtsgestaltung

1. Klären des Situationsfotos; „Wo sind er und sie?" „Was sagt er wohl?"
„Was sagt sie?" (Bei einer sprachlich homogenen Klasse kann man in der
Muttersprache mögliche Dialoge entwerfen lassen.)
2. Vorspielen des Dialogs.
3. KT lesen die Aufgabe im KB, S. 15.
4. Nochmaliges Vorspielen des Dialogs.
5. Lösen der Aufgabe; anschließend Besprechung im Kursforum.

Lösung: 2a = Salt; b = Bristol; c = Peter

Je nach Situation des Kurses kann man anschließend von den KT ein ähnliches Kontakt- oder Vorstellungsgespräch auf Folie entwerfen und dann vorspielen lassen. Situation: im Restaurant, im Zug usw.

Vorlage z. B.

Gute ...

Ich komme ...

Woher ...

Wie ...

C Deutsch phantastisch

Allgemeine Information

Texte und Übungen in den B-Teilen bereiten vor allem auf die sprachliche Bewältigung von Alltagssituationen vor. Hier im C-Teil dagegen bieten die Texte vor allem ästhetischen Genuß, Freude am Spiel mit Sprache und ironische Verfremdung von Alltagswirklichkeit.

Hallo

Anregungen zur Unterrichtsgestaltung

1. Vorspielen des Dialogs „Hallo".
KT schauen sich das Bild KB, S. 16 an.
2. Zwei KT lesen den Text mit verteilten Rollen.
3. Die KT finden andere Situationen bzw. Personen für diesen Dialog (z. B. zwei Computer sprechen miteinander oder zwei Männer auf der Toilette usw.) Die KT spielen den Dialog mit entsprechender Intonation vor.

Wer bin ich?

Anregungen zur Unterrichtsgestaltung

1. Vorspielen des Textes.
2. Die KT finden Ergänzungen, z. B. auch in der Muttersprache (bin ich complètement fou, bin ich vielleicht happy . . .? usw.). Feinheiten der Intonation vorsprechen und üben.

Lektion 2

Thema: Näheres Kennenlernen

Allgemeine Information

Grundlage der sprachlichen Kommunikation für den Deutschlerner ist die Fähigkeit, Kontakte mit Deutschen (oder mit anderen in deutscher Sprache) knüpfen zu können. Es reicht dabei nicht, daß er die dafür nötigen sprachlichen Redemittel erwirbt; mindestens so wichtig ist, daß er verschiedene Strategien der Kontaktnahme kennenlernt und sie situationsgerecht und rollengerecht anwenden kann. Die Unkenntnis von bestimmten Tabus oder Mißachtung bestimmter Verhaltensweisen kann hier zu größeren Kommunikationsstörungen führen als sprachlich-grammatische Unrichtigkeiten. Deshalb werden in dieser Lektion nicht nur verschiedene Situationen, sondern auch Strategien der Kontaktaufnahme vorgeführt.

Einstieg in das Thema der Lektion   A

Anregungen zur Unterrichtsgestaltung

1. Arbeit mit der Collage im KB:
a) Stadtansicht b) Straße mit Einfamilienhaus c) Arbeitsplatz d) Bildleiste Berufe
Die KT können äußern:
zu a): „Köln, Stadt" · „Lore und Bernd kommen aus Köln." „Lore und Bernd sind aus Köln."
zu b): „Das sind Lore und Bernd." „Sie kommen aus Köln."
zu c): „Bernd ist Programmierer." „Lore ist Grafikerin."
zu d): „Das ist ein Bäcker, . . ." „Was ist eine Krankenschwester?" „Ich verstehe nicht: Bäcker, Bauer, . . ."
2. Die KT strukturieren die Äußerungen gemeinsam, indem sie sie der Collage zuordnen.
3. Die KT nennen ihre eigenen Berufe, die vom KL schriftlich fixiert werden (Tafel/Folie).
4. Zur Festigung: KL-Frage: „Was sind Sie?" KT-Antwort: „Ich bin Student." KT-Frage: „Was sind Sie?" KT-Antwort: „Ich bin..." Tafel/Folie bleibt offen, wird nach Bedarf zugedeckt.

Sprechintentionen:	Angaben über die eigene Person machen: Namen, Wohnort, Beruf, Alter nennen und von anderen erfragen
Situation:	im Sprachkurs
Strukturen:	Fragepronomen: *Was sind sie von Beruf? Wie alt sind Sie? Wo wohnen Sie?*
Wortschatz:	Berufe

Anregungen zur Unterrichtsgestaltung

Übung 1

1. KL gibt folgende Äußerung vor:
„Ich bin Lehrerin. Und was sind Sie von Beruf?"
KT antwortet. Sollte er die deutsche Bezeichnung seines Berufs noch nicht wissen, so kann sie der KL leise vorsagen, oder der KT kann evtl. seinen Beruf in der Statistik auf S. 18 oben im KB suchen. Dies zwei-, dreimal im KL-KT-Gespräch wiederholen, dann als Kettenübung.

2. KL: „Was ist Herr Z (ein KT) von Beruf, Frau Y?" KT: „Ingenieur. – Und was ist Frau M, Herr O?"
Anm.: Wenn das Nennen des eigenen Berufes zu psychosozialen Schwierigkeiten innerhalb des Kurses führen könnte, sollte man lieber auf die Übung verzichten.

3. Die Struktur: „Was ist Herr Z von Beruf" wird durch „Was ist *er* von Beruf?" ersetzt, dabei deuten auf die jeweilige Person. (ebenso: Frau → sie).

Übung 2

1. a) Wie in Übung 1 können die Fragen von Übung 2 eingeführt werden.
b) KT können selbst Zeitungsausschnitte mitbringen, um das Personenraten zu ergänzen.

Zur Grammatik

Anhand von Fragewörtern werden die Valenzen verschiedener Verben erklärt, z. B. „was sein", „wie alt sein" im Unterschied zu „wer sein" (vgl. S. 126, 2 und 124, 1 im KB).

Statistik (KB, S. 18 oben)
(je nach Lerngruppe auch in der Muttersprache)

1. KL: Ist Ihr Beruf dabei? KT: (sehen nach)
Die unbekannten Berufsbezeichnungen werden übersetzt.
2. Welche Berufe sind am meisten/häufigsten da?
3. Welche Berufe haben Männer/Frauen? Gibt es typische Berufe für Männer und Frauen?
4. Wie ist es in Ihrem Land: Was sind die häufigsten Berufe (Berufe für Männer/Frauen)?

[handwritten marginalia:]
engineer
bricklayer
storeman
employee
(industrialist)
metalworker
housekeeper
doctor's receptionist
seamstress
packer

78 Lektion 2

Sprechintentionen:	Kontakt aufnehmen, indem man nach einem Sitz- platz fragt; jemanden nach seinem Beruf und der Betriebszugehörigkeit fragen und darauf antworten; sich vorstellen
Situation:	in der Kantine
Strukturen:	Verben und ihre Ergänzungen und Angaben
Wortschatz:	*übrigens; erst; schon*

Anregungen zur Unterrichtsgestaltung

1. KT schauen sich die Zeichnung der Firma Müller & Co. auf S. 19 im KB an und fragen sich gegenseitig:
„Was ist Klaus Henkel?" „Was ist Klaus Henkel von Beruf?" „Was macht Nr. 4?" „Wie heißt Nr. 2?" „Wie heißt die Firma?"

2. KT schauen sich das Foto an und hören den Dialog. Wichtig: Text abdek-ken; die KT sollten den Text nicht mitlesen.

3. KT hören den Text zum zweiten Mal; Stoppen nach jeder Replik. KT ordnen jede Replik der passenden Person auf dem Foto zu. KL fragt: „Wer ist neu? Wer arbeitet 3 Tage hier?" Dann Vorspielen und Nachsprechen der Repliken.

4. KT hören den Text zum dritten Mal und lesen ihn mit.

5. Klärung der neuen Lexik.

6. KT lesen den Text mit verteilten Rollen unter besonderer Berücksichtigung von Intonation und Aussprache.

7. Je nach Lerngruppe übertragen die KT den Dialog auf ihre eigene Situation
a) im Unterricht
b) am Arbeitsplatz
c) im Café.

Die Dialogvarianten a)–c) sollten die KT zu zweit oder zu dritt in der Gruppe mit Hilfe des Dialoggeländers im KB ausarbeiten – evtl. auch unter Mithilfe des KL – und dann spielen. Generell sollte auf die korrekte Anwendung von „schon" und „erst" geachtet werden.

Alternative zu 6. und 7.

KT erstellen unter Anleitung des KL ein Dialoggeländer, um den Gesprächsab-lauf zu rekonstruieren. Das Buch bleibt geschlossen. Der KL gibt Daten zur Person vor:

Klaus Henkel	Jan van Groot
Mechaniker	Programmierer
35 Jahre alt	37 Jahre alt
München	München
neu	erst 3 Tage in der Firma.

So werden die Personen lebendiger und vorstellbarer, es fällt dem KT leichter, sich vorzustellen, worüber die beiden beim Essen in der Kantine sprechen könnten.

Beispiel

■/▶◗

Kl. H.
35 J.
München
Mecha-
niker

> Guten Tag.

< Guten Tag.

> Ist hier frei?

< Natürlich, bitte.

> Sind Sie neu?

< Ja. Erst 3 Tage.

> Und was machen Sie?

< Programmierer. Und Sie?

> Mechaniker.

J. van Groot
Programmierer
37 J. alt
München

→ AB, S. 13
Ü 6, 7

Zur Festigung können hier die Übungen 6 und 7 zwischengeschaltet werden. Dann die Wiederherstellung des Dialogs aus dem KB.

→ AB, S. 14
Ü 8

Überprüfung der verschiedenen Fragemöglichkeiten, die sich aus diesem Dialog ergeben.

8. Zur weiteren Übung können die KT ihre Daten in einem Raster zusammentragen und entsprechende Dialoge spielen.
Der KL schreibt seine eigenen Daten als Beispiel an:

■/▶◗

Ich bin	Deutsche
	31
	aus Gießen
	Lehrerin
	schon seit 13 Jahren hier
	schon seit 8 Jahren Lehrerin

→ AB,
S. 20, 21
Ausland
Text

Ohne Namen – Konjugation – Silben zum Kauen und Lutschen

4 ▯▯ Wohnort, Alter, Beruf, Kinder.

Leseverstehen:	aus einem Text Angaben über Personen (Beruf, Name, Wohnort, Familienstand, Kinderzahl) entnehmen	**B1**
Textsorte:	Bericht über Leute in den vier deutschsprachigen Ländern	3
Wortschatz:	Berufe; *verheiratet; ledig*	

Landeskundliche Information

Auf der Doppelseite im KB S. 20 und 21 werden Menschen aus verschiedenen Schichten, Berufen, in verschiedenen Familienkonstellationen und Lebensformen vorgestellt. Bewußt werden an dieser Stelle alle vier deutschsprachigen Länder genannt: Die Schweiz (dreisprachig: französisch, italienisch und deutsch), Österreich, die Bundesrepublik Deutschland und die DDR. Alle haben durch ihr politisches, gesellschaftliches und ökonomisches Umfeld sehr unterschiedliche Ausprägungen. Sowohl in der Schweiz als auch in Österreich spielt neben Handel und Industrie vor allem der Tourismus eine große Rolle; die Bundesrepublik Deutschland und die DDR gelten als typische Industrienationen. Als Frauenberufe werden vorgestellt: Grafikerin, Sekretärin, Bäuerin, Ingenieurin, wobei erwähnt werden sollte, daß – außer in der DDR – es nicht der Regelfall ist, daß eine verheiratete Frau mit Kindern weiterhin ihren Beruf ganz oder teilweise ausübt.

Selten, zumindest in der Bundesrepublik, trifft man Frauen an, die einen Ingenieurberuf ergreifen und ihn danach in leitender Stellung ausüben. Für die DDR gilt das in stärkerem Maße. – Untypisch ist der Beruf des Schaustellers. Auf Jahrmärkten stellen die Schausteller Buden auf. Sie ziehen von Jahrmarkt zu Jahrmarkt, die zu bestimmten Jahreszeiten, wie zum Frühlingsanfang, stattfinden.

Einen weiteren Themenaspekt dieser Einheit bildet die Wohnform. In den letzten Jahren gibt es immer mehr (vor allem junge) Menschen, die sich aufgrund der hohen Mietkosten gemeinsam eine Wohnung teilen. Weitere Überlegung: man möchte nicht isoliert, d. h. alleine wohnen.

Levent Ergök steht stellvertretend für die ausländischen Arbeitnehmer, die sogenannten „Gastarbeiter". Seit Beginn der 60er Jahre sind viele Arbeiter aus Südeuropa (Türkei, Spanien, Griechenland, Jugoslawien, Italien) in die Bundesrepublik gekommen, um die freien Arbeitsplätze, die dringend in der Industrie benötigt wurden, zu füllen. Zu der Zeit gab es in der Bundesrepublik selbst nicht genügend Arbeitskräfte. Zum „Problem" wurden die ausländischen Arbeitnehmer, als man nicht mehr so viele Arbeitskräfte brauchte, weil moderne Technik viele ihrer Tätigkeiten ersetzen konnte und infolge der wirtschaftlichen Rezession die Arbeitslosigkeit wuchs. Zur Zeit (1982) leben 4,6 Mill. Ausländer in der Bundesrepublik, was einem Bevölkerungsanteil von 7,5% entspricht; bezogen auf die Zahl der Erwerbstätigen sind es 8,6%.

Allgemeine Information

Hier werden die KT wieder mit einem Text konfrontiert, dem sie verschiedene Informationen lesend entnehmen sollen. Der Inhalt wird durch die Karte und die jeweiligen Fotos visuell unterstützt. Mit verschiedenen Arbeitsschritten sollen die KT diesen Text entschlüsseln.

Arbeitsschritte:
1. Lesen der einzelnen Texte.
2. Herausfiltern der Kerninformationen, indem die KT sie unterstreichen und in das Raster eintragen.
3. Ergebnisaustausch im Kurs.

Anregungen zur Unterrichtsgestaltung

1. a) KT sehen sich die Karte an und nennen die Länder.
   b) KT nennen die Lage der Städte: „Hamburg ist in der Bundesrepublik. Wien ist in Österreich. Dresden ist in der DDR. Basel ist in der Schweiz."
2. KT lesen Text Nr. 1 (Lore Sommer) durch und äußern, was sie verstanden haben, z. B.: „Die Frau heißt Lore Sommer." „Sie ist Grafikerin." „Sie hat zwei Kinder." „. . ."

Alternative zu 2
Die KT beantworten nach dem Lesen des Textes Nr. 1 Fragen des KL: „Was ist L. Sommer von Beruf?" „Wo wohnt sie?" „Ist sie verheiratet?" „Hat sie Kinder – wie viele?" Anmerkung: Auch wenn einige Wörter neu sind, helfen die Fotos, die Kerninformationen zu erschließen. Danach weiter mit 3.

3. KL trägt nun die Antworten der KT in ein Raster (vgl. Buch) ein.

Alternative zu 2. und 3.
KT lesen sich den Text Nr. 1 durch und unterstreichen die ihrer Meinung nach wichtigsten Daten zur Person (Lore Sommer, Hamburg, verheiratet, 2 Kinder, Grafikerin.) Danach: Übertrag der Angaben ins Raster. Weiter mit 4.

4. Je nach Leistungsstand kann noch ein weiteres Beispiel (mit oder ohne Unterstreichen, dann anschließende Eintragung ins Raster) gemeinsam durchgeführt werden.
Die restlichen Teile bearbeiten die KT in Einzel- oder Partnerarbeit.

5. Vergleich der Arbeitsergebnisse:
Ein KT (eine Gruppe) hat die Ergebnisse an die Tafel/Folie geschrieben, die Angaben werden gemeinsam durchgesehen und mit den eigenen Lösungen verglichen.

Alternatives Vorgehen zu 4., 5. und 6.
Ein Teil der Gruppen bearbeitet nur die Texte 3, 5, 7, der andere Teil die Texte 2, 4, 6.
Jede Gruppe trägt ihre Fassung vor, die anderen KT müssen genau mitlesen und vergleichen, ob die genannten Daten korrekt sind.

Überprüfung der bisherigen neuen Lexik, wobei die Lerner folgende Oberkategorien erkennen müssen: a) Zeit (Tag, Monat, Jahr) b) Beruf c) Ortsnamen/Ländernamen d) Familiennamen.

→ AB, S. 12
Ü 1

6. a) KL fragt nach verschiedenen Daten der Personen unter Verwendung der Fragepronomina, „was", „wer", „wo".
„Woher ist Levent Ergök?" „Wo wohnt Lore Sommer?" „Wie alt ist Klaus Henkel?"
b) KT formulieren eigene Fragen (als Hilfe können die 4 Fragepronomen an die Tafel geschrieben werden).
7. KL kann nun noch nach den Daten der Personen fragen, die nicht mit dem Raster erfragt sind (in der Muttersprache):
a) Seit wann ist Levent Ergök in der Bundesrepublik Deutschland?
b) Wo arbeitet er/sie? Wie alt ist Klaus Henkel?
c) Warum arbeitet Levent Ergök schon seit 3 Jahren in der Bundesrepublik (siehe hierzu landeskundliche Information)?
d) Wie wohnen die Leute? Sind Wohngemeinschaften in Ihrem Land üblich?

Fragepronomen in verschiedenen Verwendungen.

→ AB, S. 12
Ü 1, 2, 3

Bevor diese Übung in Einzelarbeit durchgeführt wird, sollte sie im Plenum besprochen werden. Anschließend: gemeinsame Fehleranalyse.

→ AB, S. 12
Ü 4

a) Gemeinsame Erarbeitung des Rasters „Ihre Grammatik" an der Tafel oder auf Folie.
b) Ausfüllen im AB als Hausaufgabe, je nach Lerngruppe eventuell erst eine Kopie ausfüllen oder im Hausheft und dann Übertragung der Ergebnisse ins AB.

→ AB, S. 12
Ü 5

8. KT erstellen eine eigene Liste in ihrer Klasse, indem sie sich gegenseitig nach Beruf, Wohnort usw. befragen (wobei je nach Klassensituation die eine oder andere Frage wegfallen kann).
9. KT vergleichen, unter Hinzuziehen der Statistik von S. 18 im KB: Sind die Berufe in Deutschland und in Ihrem Land sehr unterschiedlich? Besonders bei Männern und Frauen? Ist die Kinderzahl einer Durchschnittsfamilie anders? (Diese Fragen werden unter Umständen nur muttersprachlich erörtert werden können.)

Mit Hilfe des KB erstellen die KT einen Kurztext über die vorgestellten Personen und sich selbst.

→ AB, S. 14
Ü 9

Sprechintentionen: jemanden begrüßen; jemand anderen vorstellen; jemand nach der Herkunft fragen und antworten; jemandem ein Kompliment machen
Situation: vor der Sprachenschule
Strukturen: Modalverb *mögen; du – Sie* Opposition; Partikel *denn, doch, aber*

Allgemeine Information

In diesem Dialog werden drei Personen vorgestellt, die die Anredeformen „du" und „Sie" verwenden (zwei Bekannte, Schüler–Lehrerin).

Anregungen zur Unterrichtsgestaltung

1. Kurze Situationsbeschreibung durch die KT, wobei die KT anhand des Bildes auf S. 22 im KB Vermutungen äußern können, worüber sich die Personen unterhalten.
2. Zweimal Vorspielen des Dialogs.
3. KT sagen, worum es geht (unterstützt durch KL-Fragen).
4. Nochmaliges Vorspielen des Dialogs. Danach phonetische Übung: Vorsprechen und Nachsprechen der Repliken.
5. Erklären des neuen Wortmaterials: „studieren", „lernen", „Deutsch sprechen".
6. Eingehen auf die Verwendung von „du" und „Sie" (vgl. Merkzettel).
7. Lesen des Dialogs mit verteilten Rollen und in verschiedenen Varianten wie im Dialoggeländer vorgegeben.
8. KL spielt mit 2 KT den Dialog. Anschließend spielen je drei KT den Dialog mit Varianten.

Zur Grammatik

Aus dem Dialog werden die Formen der 2. Person Singular der Verben ermittelt und erklärt. Dann werden die Verbformen der 1., 2., 3. Person Singular und der Höflichkeitsform „Sie" der bisher bekannten Verben zusammengestellt und die Sonderformen markiert.

Dann werden weitere Verbvalenzen erläutert. Die zweite Übersicht auf Seite 126 im KB präsentiert Verben mit Akkusativergänzung (Frageword „was"). Die Akkusativergänzung braucht hier aber noch nicht genannt werden, da keine Akkusativartikel vorkommen. Diese Verben bereiten die Behandlung der Akkusativergänzung in Lektion 4 vor. Die dritte Übersicht (S. 127 im KB) zeigt Verben mit Situativergänzung (Frageword „wo"). Sie bereitet die ausführliche Darstellung der Situativergänzungen in Lektion 6 und 8 vor. Achtung: in dem Satz: „Ich studiere in Köln Chemie." ist „in Köln" freie Angabe.

Übung 1

1. Zwei KT lesen den Minidialog und erarbeiten eine Variante (Französisch lernen, Frankreich studieren).

2. Je zwei KT spielen den Dialog mit den verlangten Variationen, zunächst mit, dann ohne Buch.

Zur Grammatik
Anhand von Nr. 3 auf S. 127 im KB wird die Struktur eines Satzes mit Modalverb erläutert. An der Leerstelle des konjugierten Verbs steht das Modalverb, so daß am Ende des Satzes die komplette Infinitivkonstruktion (obligatorische Ergänzung und Verb im Infinitiv) des Verbs integriert wird. Sätze mit Modalverb sind für das Lernen von Verbvalenzen besonders wichtig, weil in ihnen die obligatorische Ergänzung und das zugehörige Verb zusammenbleiben.

Übung 2
KT spielen entsprechende Dialoge.

Übung 3
Lernziele dieser Übung: „du" – „sie"; Partikel „auch" in ihrem Rückbezug zur vorhergehenden Frage-Antwort-Replik; Personalendungen von „arbeiten" und „wohnen".

Übungen zum morphologischen Pensum der Lektion.

→ AB,
S. 15, 16
Ü 12, 13

Personenratespiel
Ein KT denkt sich einen MitKT aus, der von den anderen KT erraten werden soll: Die anderen KT fragen: „Wo wohnt, arbeitet er/sie?" „Was ist er/sie von Beruf?" „Was möchte er/sie studieren?"

KT erarbeiten gemeinsam „Ihre Grammatik". Als Hausaufgabe, anschließend gemeinsame Überprüfung, um eventuelle Fragen klären zu können.

→ AB, S. 17
Ü 16

Sprechintentionen:	Kontaktaufnahme, indem man jemanden um etwas bittet (hier: Feuer); jemanden nach seiner Herkunft fragen und antworten
Situation:	an der Autobahn – beim Trampen
Strukturen:	*das liegt bei* ...
Wortschatz:	Angaben zur Nationalität; Zeitangaben

B2

2

Allgemeine Information

Nach dem Partygespräch in Lk 1 und dem Dialog in der Werkskantine zeigt dieses Gespräch eine weitere Gesprächsanknüpfungsstrategie: nach Feuer (oder anderem) fragen.

Anregungen zur Unterrichtsgestaltung

1. Klären des Situationsbildes.
2. KL spielt den Dialog zweimal vor.
3. KT vermuten, wo und zwischen wem das Gespräch stattfindet: „Was machen die beiden Personen?", „Woher kommen die beiden?"
4. KL spielt ein drittes Mal vor.
KT überprüfen ihre Aussagen: der KL macht nach jeder Replik eine Pause.
5. KT lesen den Text und hören parallel dazu den Dialog.
6. KT lesen den Text mit verteilten Rollen unter besonderer Beachtung von Aussprache und Intonation.
7. KT erstellen entsprechend den Dialoggeländer eine Variante des Dialogs in Partnerarbeit. Sie nehmen die Tafel auf S. 25 im KB als Hilfe dazu und spielen ihn anschließend vor.

Alternative zu 7.
KL verteilt Kärtchen oder Zettel mit Orts- und Nationalitätsangaben, und die KT spielen den Dialog durch.

8. Gemeinsam erarbeitet der Kurs anhand verschiedener Beispielsätze Regularitäten und Ausnahmen zur Nationalitätenangabe: KL notiert entsprechend den KT-Äußerungen Sätze an der Tafel, z. B. „Ich bin Deutsche. Und Sie?" „Engländer." „Ich spreche deutsch – und Sie?" „Englisch." „Mireille ist Französin und spricht französisch. Und Jean . . .?"

→ AB, S. 16   Diese Übung sollte so oft wie möglich wiederholt werden.
Ü 14, 15

→ AB, S. 19   Erstellung neuer Dialoge mit den Redemitteln der Lektion.
Ü 20

→ AB, S. 15
Ü 10

→ AB, S. 17,
18, Ü 17,
18, 19

B2	**Hörverstehen:**	in einem Gespräch persönliche Aussagen verstehen können
③	**Textsorte:**	Gespräch
	Situation:	an der Bushaltestelle

Schriftliche Wiedergabe des Gesprächs auf Cassette

Studieren und arbeiten?

○ Sie, sagen Sie mal: Woher kommen Sie denn? Kommen Sie aus Afrika?
□ Ich?
○ Ja, Sie.

☐ Ja, genau, ich komme aus Ghana.
○ So, so aus Ghana. Da kommen Sie also aus Ghana.
☐ Ja.
○ Aha, und was machen Sie hier?
☐ Ich studiere hier. Und im Sommer, in den Ferien arbeite ich auch.
○ So, Sie studieren *und* arbeiten. Das ist aber schwer, nicht wahr?
☐ Na ja, Wohnen, Essen und Trinken sind teuer. Also arbeite ich auch.
○ Und was arbeiten Sie dann?
☐ Ich weiß noch nicht. Es gibt nicht viel Arbeit. Vielleicht arbeite ich als Packer oder im Restaurant als Kellner.
○ Und was studieren Sie?
☐ Elektrotechnik.
○ Donnerwetter, da machen Sie aber viel! Na, dann viel Glück.
☐ Danke, danke . . .

Anregungen zur Unterrichtsgestaltung

1. KL gibt eine kurze Erläuterung zum HV-Dialog: ein Rentner und ein Student treffen sich an einer Bushaltestelle.
2. Danach hören die KT den Dialog und sehen sich die Fotos im KB an.
3. KT hören den Dialog ein zweites Mal. KT macht nach jeder Replik einen kurzen Stop. KT lösen Übung 2.

Lösung: 2a = r; b = f; c = f; d = r; e = f.

4. Gemeinsame Auswertung. Nochmaliges Vorspielen des Gesprächs. Stoppen nach jeder Replik. Jede falsche Antwort wird analysiert, d. h. die entsprechende Replik wird nochmals vorgespielt.

Die Beispielsätze können mündlich im Plenum erarbeitet werden und zur Festigung als Hausaufgabe nochmals schriftlich fixiert werden. Anschließend gemeinsame Besprechung.

		B3
Leseverstehen:	Angaben über die Person aus einem Paß entnehmen	
Wortschatz:	Angaben zur Person („Behördendeutsch")	

Anregungen zur Unterrichtsgestaltung

Paß
1. KT sehen sich das Original und die Fälschung eines Passes an. Einige Daten sind für die KT neu; sie können jedoch evtl. anhand der englischen und französischen Version entschlüsselt werden. Insgesamt sind 4 Daten falsch (Vorname, Geburtsjahr, Geburtsort und Wohnort).
2. Verbleibende unklare Angaben werden erklärt (Übersetzung).

Festigung des Wortschatzes

→ AB, S. 15
Ü 11

Interviewspiel

je zwei Personen brauchen: 1 Würfel, 2 Figuren.

Einer würfelt die „Zwei"; er rückt auf das zweite Feld vor und muß nun seinen Nachbarn fragen: „Wie heißt du?" „Wie heißen Sie?" „Vorname?" Wenn man aber zu Beginn die „Vier" würfelt, so braucht man keine Frage zu stellen.

Die Kontrolle dieser Antworten kann auf zwei Wegen erfolgen: a) ein dritter KT hört zu und korrigiert b) die beiden KT verbessern sich gegenseitig.

→ AB, S. 20
Inland
Text

Aufenthaltsgenehmigung

Im Inland sollte der KL an dieser Stelle im Unterricht mit ausländischen Arbeitnehmern Hinweise auf die örtlichen Beratungsstellen für Türken, Italiener, Spanier, Jugoslawen usw. geben, die beim Umgang mit Behörden Hilfe leisten können.

B3

2

Sprechintentionen:	Angaben über eine Person machen (Geburtsort, Staatsangehörigkeit, Beruf, Wohnort, Familienstand, Geschlecht)
Wortschatz:	*weiblich, männlich, ledig, verheiratet,* Staatsangehörigkeit, Beruf

Übung 1

KT schauen sich die Fotos der sechs Personen im KB an und versuchen mit Hilfe der untenstehenden Angaben eine Beschreibung. Diese Personenbeschreibung kann auch schriftlich durchgeführt werden. Evtl. Kontrolle der Ergebnisse durch Tafelanschrieb.

Übung 2

Ein KT denkt sich eine sehr bekannte Persönlichkeit aus. Die anderen erfragen diese Person nur mit Satzfragen, die nur durch „Ja" oder „Nein" beantwortet werden dürfen.

→ AB,
S. 20, 21
Ausland
Text

Nicht wissen – Wer schreibt mir?

4 📖

Deutsch phantastisch

Herr Weiß aus Schwarz

Anregungen zur Unterrichtsgestaltung

1. KL erklärt durch Beispiele die Wörter:
„wohnhaft": Ich wohne in Gießen. Ich bin wohnhaft in Gießen.
„geboren": Ich bin am . . . geboren.

Landeskundliche Information

In Deutschland übernehmen die Frauen in der Regel bei ihrer Heirat den Familiennamen des Mannes. Seit einigen Jahren besteht die Möglichkeit, daß der Mann den Familiennamen der Frau annehmen kann. Außerdem kann entweder die Frau oder der Mann beide Namen als Doppelnamen führen.
2. KT hören den Dialog und beschreiben den Inhalt.
3. KT hören den Dialog zum zweiten Mal und lesen den Text mit.
4. (in der Muttersprache):
a) Welche Wörter kommen besonders oft vor?
b) An welchen Stellen kommen sie vor?
c) Was meinen Sie, was sie bedeuten?
d) Die beiden Wörter „schwarz" und „weiß" werden hier in folgender Bedeutungsvielfalt vorgestellt:
Schwarz als 1. Farbe (Gegenstand zeigen) 2. Wohnort 3. Familienname 4. Teil des Verbs („Schwarzarbeiten" bedeutet: unerlaubt, ohne Steuern zu bezahlen, arbeiten.)
Weiß als 1. Farbe 2. Ortsname 3. Familienname 4. konjugiertes Verb.
5. Die KT können auch versuchen, andere Farben einzusetzen, z. B. blau statt schwarz; rot statt weiß.
„Blau machen" in der Bedeutung von „schwänzen": es geht einem gut, aber man geht nicht zur Arbeit (Schule), weil man keine Lust hat.
„Rot sehen" heißt soviel wie: sehr wütend werden oder sein (abgeleitet von: „ein Stier sieht rot" – nämlich das rote Tuch). Bei Verwendung anderer Farben müssen die KT einen neuen Schluß erfinden. Weitere Anregung können sich die KT auch von L1 [B1/3] S. 11 holen.

Wer knoselt wo?

Allgemeine Information

Die „unbekannten" Verben in diesem Sprachspiel-Text sind frei erfunden. Ihre Bedeutung kann allein aus dem Kontext der anderen Wörter und den Personalendungen erschlossen werden.

Lösung: maselt = kommt; knoselt = wohnt; heuzt = arbeitet; schickert = studiert; silkte = möchte; verblummern = verstehen; orzen = antworten.

Anregungen zur Unterrichtsgestaltung

1. KT hören den Text zweimal und lesen ihn gleichzeitig im Buch mit.
2. Die KT versuchen nun die Phantasiewörter zu entschlüsseln. Die Ergebnisse werden gemeinsam ausgewertet. (Alle Phantasiewörter sind wie echte deutsche Verben konjugiert.)
3. Die Gruppen schreiben eigene Texte mit phantasierten Ausdrücken, tauschen sie gegenseitig aus, um sie zu „übersetzen".

Der Nichtstuer

Anregungen zur Unterrichtsgestaltung

1. KT sehen sich das Bild an und beschreiben die Szene (muttersprachlich).
2. KT hören den Text vom Band.
3. KT vergleichen ihre Vermutungen, die sie aufgrund des Bildes hatten, mit dem tatsächlich Gehörten.
4. KT hören den Text und lesen ihn dann.
5. KT lesen den Text mit verteilten Rollen. Dabei versuchen Sie durch Intonation, Gestik und Mimik die beiden unterschiedlichen Gegenüber zu charakterisieren.

→ AB, S. 21
Inland
Text

Post
Hier können die Kosten für das Schreiben von Karten und Briefen und Telefon-Gesprächsgebühren besprochen werden.

Lektion 3

Thema: Wohnen

Allgemeine Information

Den KT sollen in diesem Kapitel grundlegende landeskundliche Informationen zum Daseinsbereich „Wohnen" vorgestellt werden. Die Verhältnisse in der Bundesrepublik Deutschland sollen mit denen im eigenen Land verglichen werden.
Im einzelnen: Räume und Einrichtungsgegenstände; rollenadäquates Verhalten bei einem Besuch (Wissen um die Bedeutung der Wohnung als Statussymbol); Information anhand von Zeitungsannoncen über Preis, Größe, Lage, Ausstattung; Wohnungssituation in der Bundesrepublik Deutschland; Gespräch mit einem Vermieter, um eine Wohnung mieten zu können; Ansprüche an den Wohnkomfort: Größe, Ausstattung, Lage, Qualität; Schwierigkeiten der Wohnungssuche in der Bundesrepublik Deutschland für Deutsche und Ausländer.

Einstieg in das Thema der Lektion $\boxed{A}$

Anregungen zur Unterrichtsgestaltung

Die KT äußern sich zur Collage. Zum Beispiel:
1. *Haustypen:* „Das ist ein Hochhaus." (Da der indefinite Artikel noch unbekannt ist, nennt ihn der KL, aber ohne ihn zum Lernziel zu machen). „Das sind Reihenhäuser." „Da ist ein Einfamilienhaus." „Da ist eine Wohnung – 4. Stock." „Das ist ein Dachgeschoß."
2. *Wohnungsgrößen:* verschiedene Grundrisse
a) KT fragen KL nach den Begriffen: „Was ist/heißt – Wohnzimmer . . .?"
b) Der KL kann hier die Adjektive „groß" und „klein" einführen, damit die KT die Unterschiede zur eigenen Wohnsituation besser beschreiben können. Zum Beispiel: „Das Bad ist groß". „Das Kinderzimmer ist klein/sehr klein".
c) Zuordnung der Grundrisse zu den Häusern (KL hilft evtl.).
Erdgeschoß und Dachgeschoß gehören zum Einfamilienhaus, Wohnung 4. Stock zum Hochhaus. KT nennen Unterschiede. „Hier" (evtl. deuten) „ist das Wohnzimmer groß, hier klein . . .".
3. *Klingeltypen:* an einem Einfamilienhaus (beim Dachgeschoß-Grundriß); an einem Hochhaus (neben dem 4. Stock-Grundriß).
4. *Weitere Angaben zu den Wohnungen:*
Die KT können hier in einfachen Sätzen Informationen verbalisieren, z. B.

„Die Wohnung ist $82\,m^2$ groß." „Die Miete ist DM 580,–." „Die Adresse ist Kiefernring 18." „Die Telefonnummer ist . . ."

Alternative

KL fordert die KT auf, aus ihrer Erfahrung einen Grundriß einer Mietwohnung in einem Hochhaus, Mehrfamilienhaus, Einfamilienhaus zu zeichnen (an der Tafel oder auf Folie). Anschließend vergleichen die KT die Grundrisse: die Wohnungsgröße insgesamt und die einzelnen Zimmergrößen (z. B. ist in Frankreich das Bad normalerweise kleiner als in Deutschland). „Das Wohnzimmer ist groß/klein." „Das Kinderzimmer ist sehr klein/groß."

B1

1

Sprechintentionen:	Gegenstände benennen, identifizieren und beurteilen; etwas vergleichen; etwas beschreiben; etwas verneinen
Textsorte:	Beschreibung der Wohnung von Familie Komischmann (Räume und Einrichtung)
Strukturen:	Deklination (Nominativ Singular und Plural); definiter Artikel; indefiniter Artikel (positiv und negativ)
Wortschatz:	Bejahung mit *doch;* Räume; Möbel

Anregungen zur Unterrichtsgestaltung

10

1. KT sehen sich den Grundriß auf S. 32 und 33 im KB an und benennen die Zimmer mit Hilfe des kleinen Grundrisses S. 33 oben, z. B.: „Das ist das Kinderzimmer." „F ist das Bad."

Alternative zu 1.

KT benennen die Zimmer.

→ AB, S. 22
Ü 1

Festigung des neuen Wortschatzes.

2. KT lesen den Text „Familie Komischmann" still.
KL erklärt das neue Wort „hell" in Opposition zu „dunkel".
3. KT lesen den Text laut, unter besonderer Berücksichtigung der Aussprache und Betonung. Frage: „Aber was ist hier komisch?" KT formulieren Antworten.

Zur Grammatik:

KL analysiert mit den KT die Verwendung des definiten und indefiniten Artikels. Zusammenfassend wird anhand des kleinen Textes „Familie Komischmann" der funktionale Unterschied von indefinitem Artikel (positiv und negativ) und definitem Artikel klargemacht. Grundsätzlich dient der positive indefinite Artikel der Einführung/Identifizierung von etwas Neuem, von dem z. B. vorher noch nicht gesprochen wurde, bzw. der Definition eines Gegenstandes: „Das ist ein Tisch." Der negative indefinite Artikel verneint eine solche Identifikation oder Definition: „Das ist kein Tisch." Er hat die gleichen Endungen wie der positive indefinite Artikel. Der definite Artikel steht bei Gegenständen, die bereits vorher im Text genannt worden sind. Diese Funktionen werden besonders in dem Lückentext auf Seite 34 geübt.

Übung: „Was meinen Sie? Wie ist es besser?"
KL gibt einen Beispielsatz – wie im KB – vor; die KT formulieren entsprechend andere.

Übung: „Wie heißt das . . .?"
Entsprechend dem Beispielsatz im KB erfragen die KT die Bezeichnungen für die Möbel, der KL nennt sie. Anschließend Wiederholung in Kettenübung.

Übung: „Was ist denn . . .?"
Der Vorgabe entsprechend spielen die KT verschiedene Varianten durch.
Lösung: a = Dusche, b = Waschbecken, c = Bett, d = Sessel, e = Stuhl, f = Lampen
Der KL sollte hier auf die Bedeutung von „doch" (bringt zum Ausdruck, daß der Gesprächspartner den Inhalt einer Behauptung eigentlich kennen müßte) verweisen und zum anderen die Verwendung als Bejahung auf eine negative Frage (siehe KB-Beispiel) genauer herausarbeiten.

11

6

Diese AB-Übung greift das Problem nochmals auf.

→ AB, S. 23
Ü 4

Greift den Gebrauch von „kein" und indefinitem/definitem Artikel wieder auf.

→ AB, S. 22
Ü 2

Wiederholung der Fragepronomen „Wer", „Was"

→AB, S. 24
Ü 5

Strukturen:	definiter und indefiniter Artikel
Wortschatz:	Gebäude, Stadt, Dorf, Gegenden in deutschsprachigen Ländern

B1

2

Anregungen zur Unterrichtsgestaltung

Übung: „der" oder „ein" – „die" oder „eine" – „das" oder „ein"?
KT ergänzen den Text; anschließend werden die Lösungen gemeinsam besprochen und auf ihre Funktion hin analysiert (vgl. zur Grammatik auf S. 128 im KB).

1. KL erarbeitet mit den KT Ü3 im AB (wenn möglich als Kopie oder als Lückentext an der Tafel).

→ AB, S. 23
Ü 3

B2 1

Sprechintentionen:	Mobiliar beurteilen und vergleichen
Strukturen:	Qualitativergänzung
Wortschatz:	Adjektive

Zur Grammatik

Hier wird eine neue Valenz von „sein" erklärt: „sein" mit Qualitativergänzung, die aus einem Adjektiv besteht. Für bestimmte Ausgangssprachen ist es wichtig, darauf hinzuweisen, daß ein Adjektiv als Qualitativergänzung im Deutschen nicht flektiert (d. h. dem Subjekt angeglichen) wird.

Übung 1

KL erklärt eventuell unverstandenes Vokabular. KT beschreiben die Stühle nach Vorgaben.

Alternative

Beschreiben von drei verschiedenen Häusern (vgl. Einstiegscollage)

→ AB, S. 24
Ü 6

Festigung der neuen Lexik.

Übung 2

(KL kann die Bezeichnungen der Lampen geben: eine Petroleumlampe, eine Deckenlampe, eine Wohnzimmerlampe, eine Schreibtischlampe, eine Nachttischlampe, eine Jugendstillampe). KT beschreiben die Lampen.

Untere Bildleiste

KL: „Wie finden Sie den Mann/die Frau?" Mögliche Antworten: „Die Frau ist alt, aber schön, . . ." „Der Mann ist nicht alt, aber häßlich . . ." Der KL kann auch fragen: „Wie finden Sie die Zimmer, . . .?"

→ AB, S. 24
Ü 7

Zur Vorentlastung von B2/2 bietet sich dieses Assoziogramm an.
1. Jeder KT füllt ein Assoziogramm aus.
2. Gemeinsam wird ein Assoziogramm an der Tafel/Folie erstellt.

Alternative:

Gemeinsame Erstellung eines Assoziogramms an der Tafel/Folie (ein KT schreibt).

B2 2

Sprechintentionen:	Komplimente machen; Gefallen ausdrücken; Sachverhalte über Gegenstände erfragen
Situation:	Wohnungsbesichtigung
Strukturen:	Adjektive als Qualitativergänzung; Definitpronomen *der, die, das*

Landeskundliche Information

Es ist recht verbreitet, daß man bei einem ersten Besuch über Wohnung und

Einrichtung Komplimente macht. Auch neue Gegenstände, die die Einrichtung ergänzen (Bilder), werden gelobt. Der Wohnstil wird als eine Aussage über die Identität des Wohnungsinhabers gewertet (seinen Geschmack, seine Einstellung, seine Interessen). (Die im Dialog vorgestellten Redemittel enthalten eine Stufung: „Phantastisch, prima, sehr schön", sie bringen Bewunderung und Anerkennung zum Ausdruck. Hingegen sind „schön" und „nicht schlecht" Äußerungsvarianten, die andeuten, daß man nicht hundertprozentig begeistert ist.)

Anregungen zur Unterrichtsgestaltung

1. KT sehen sich das Bild im KB an und überlegen, worüber sich die beiden Personen unterhalten.

Alternative
KL spielt ohne Kommentar zweimal die Cassette vor.
2. KT äußern, was sie verstanden haben.
3. KT hören den Dialog zum dritten Mal und besprechen die Situation.
Der KL gibt – sofern notwendig – landeskundliche Hintergrundinformationen (in der Muttersprache). Dann Vorspielen und Nachsprechen der Repliken.
4. KT lesen den Text mit verteilten Rollen unter besonderer Berücksichtigung der angemessenen Intonation. (Die Ausrufe „phantastisch, prima, schön", auch „nicht schlecht" dürfen nicht zu überpointiert gesagt werden, sonst wirken sie unglaubwürdig.)
5. KL spielt mit verschiedenen KT zwei- oder dreimal den Dialog. Dann erstellen die KT in Partnerarbeit schriftlich Dialogvarianten mit Hilfe des Dialoggeländers und spielen einige vor dem Kurs. Zum Schluß gibt der KL eine oder zwei Dialogvarianten in Stichworten an der Tafel vor. Die KT spielen diese dann frei ohne Buch.

Möbel für junge Leute

Zunächst Einzelarbeit, anschließend gemeinsame Auswertung.

→ AB, S. 30, 31 Ausland Text → AB, S. 25 Ü 9

Leseverstehen:	aus Mietanzeigen die für die Auswahl einer Wohnung, eines Zimmers oder eines Hauses wichtigen Informationen entnehmen
Sprechintention:	etwas beschreiben
Textsorte:	Vermietungsanzeigen
Strukturen:	Personalpronomen in seiner rückverweisenden Funktion

B3

1

Allgemeine Information

Der gesamte B3 Teil befaßt sich mit dem Aspekt der Wohnungssuche und damit, wie man eine Wohnung mietet. Der KT kann Wohnungsgrößen, Anzahl der Zimmer und der Mietpreise mit der Situation im eigenen Land vergleichen.

Landeskundliche Information

a) Im Raum Frankfurt ist das Wohnen insgesamt als recht teuer zu bezeichnen (siehe hierzu auch die Übersicht S. 38). Ähnlich teuer sind auch die Wohnungen in der näheren Umgebung; sie sind landschaftlich reizvoller als die Stadt, und trotzdem ist man schnell in Frankfurt am Arbeitsplatz (ein gut ausgebautes Verkehrsnetz trägt dazu bei).

b) Im allgemeinen sind kleine Wohnungen (zwei Zimmer) relativ teurer als größere Wohnungen, ebenso sind Häuser meist teurer als entsprechend große Wohnungen.

c) Für den Durchschnittsverdiener sind die im Anzeigenteil präsentierten Wohnungen z. T. zu teuer, da sowohl Ausstattung als auch Wohnungsgröße einen recht hohen Standard haben.

Anregungen zur Unterrichtsgestaltung

1. Anhand der $\boxed{\text{A}}$-Collage kann der KL das neue Wortmaterial erklären oder wiederholen: Erdgeschoß, Dachgeschoß, Wohnung, 4. Stock, Hochhaus, Reihenhaus, Einfamilienhaus, Miete usw.

Alternative zu 1
Die KT beschreiben (muttersprachlich), wie sie eine Wohnung in ihrem Land suchen (per Zeitung, Umfrage bei Bekannten und Verwandten). Unter welchen Bedingungen können sie eine Wohnung mieten? Muß eine Kaution hinterlegt werden? Der Interessenlage entsprechend werden Inlands- und Auslandslerner den Text mit unterschiedlichen Schwerpunktsetzungen lesen.

2. KT sehen sich die Anzeigen an und ergänzen das Raster. Anschließend: gemeinsamer Vergleich. Abkürzungen, die nicht im Raster gefordert werden (NK, KT . . .), brauchen insbesondere vom Auslandslerner nicht verstanden zu werden. Je nach Situation und Interesse der KT sollte im Inland noch die weiterführende Aufgabe angeknüpft werden: „Sie suchen eine Wohnung, welche möchten Sie?"
Gegebenenfalls ist im Inland die Entschlüsselung aller Abkürzungen notwendig und sinnvoll (siehe hierzu auch die weiterführenden Aufgaben im Arbeitsbuch).

Schlüssel für die Abkürzungen in der Rubrik Wohnungen:
verm.   – vermieten
Mo–Fr 9–13 Uhr – Montag bis Freitag von 9 bis 13 Uhr ist der Vermieter
                   erreichbar
Kochni.   – Kochnische
Z   – Zimmer

in der Rubrik Häuser:

m. all. Komf.	– mit allem Komfort
Terr.	– Terrasse
exkl.	– exklusiv
Frankfurt 20 km	– Frankfurt ist 20 km entfernt.

in der Rubrik Bungalows:

sof.	– sofort
von Priv.	– von Privat
Du.	– Dusche

Alternatives Vorgehen zu 2

In Gruppen suchen die KT die Informationen über die Wohnungen heraus und tragen sie in die Raster ein. Eine Gruppe bearbeitet nur die Rubrik „Wohnungen", die andere „Häuser", die dritte „Zimmer" und die vierte „Bungalows". Anschließend lesen sie ihre Ergebnisse vor, die anderen lesen mit und überprüfen die Angaben auf ihre Richtigkeit. Es kann sich ein Gespräch über die Höhe der Preise, Größe der Wohnungen sowie die Anzahl der Zimmer, ihre Zählweise anschließen (eine 4-Zimmer-Wohnung, das ist: 1 Wohnzimmer, 1 Eßzimmer, 1 Kinderzimmer und 1 Schlafzimmer plus Küche und Bad). 12

3. (muttersprachlich): Wo ist das Wohnen teuer, sehr teuer? Sind Häuser teurer als Wohnungen oder umgekehrt? Sind das Ihrer Meinung nach Durchschnittswohnungen – also für den sogenannten Normalverdiener?

4. Nach dem Vergleich der Anzeigen-Daten bespricht der KL die Verwendung der Personalpronomina.

Zur Grammatik

S. 128, 2:

Das Personalpronomen in der 3. Person (er/sie/es) steht in einem Text für ein Nomen mit Artikel (‚der Bungalow → er'). Für bestimmte Ausgangssprachen ist es wichtig zu wissen, daß das Personalpronomen in einem deutschen Satz immer vorhanden sein muß, wenn kein Nomen als Subjekt steht.

5. „Beschreiben Sie"

KL erläutert Formen und Gebrauch des Personalpronomens anhand des Beschreibungstextes über die Wohnung 1.

In Partnerarbeit erstellen die KT dann Beschreibungen jeweils einer Wohnung, eines Hauses, entsprechend dem Muster im KB, S. 37 und mit Hilfe des ausgefüllten Rasters. Anschließend gemeinsame Korrektur.

In Einzelarbeit füllen die KT den Lückentext aus.

→ AB, S. 25
Ü 10

Ergänzen der „Grammatik" mit gemeinsamer Besprechung.

→ AB, S. 26
Ü 11

B3

2

Leseverstehen:	aus Tabellen Informationen entnehmen, um Wohnungspreise in Deutschland beurteilen zu können
Sprechintentionen:	vergleichen; etwas beurteilen
Textsorte:	Währungsübersicht; Preisspiegel von Wohnungsmieten (Statistik)
Wortschatz:	Zahlen von Hundert bis 1 Million

Anregungen zur Unterrichtsgestaltung

„Zahlen 100–1 000 000"
1. Gemeinsame Erarbeitung der Zahlenbildung.
2. KT beantworten die Fragen 1–4 mit Hilfe der beiden Übersichten. Vergleiche zwischen dem Preisniveau in Deutschland und dem Heimatland; Fragen wie: Wieviel Prozent des Monatseinkommens sind das? Wieviel Prozent gibt man für Wohnen in Ihrem Land aus? Warum ist „Altbau" billiger als „Neubau?" Warum gibt es regionale Preisunterschiede? können sich (muttersprachlich) anschließen.

Landeskundliche Information

Regionale Preisunterschiede hängen von verschiedenen Faktoren ab: den Berufsmöglichkeiten, der Attraktivität und Atmosphäre einer Stadt, der landschaftlichen Umgebung, dem Freizeit- und Kulturangebot, dem Bildungsangebot, . . .

B3

3

Sprechintentionen:	sich nach einer Wohnung erkundigen (Preis, Lage und Größe)
Situation:	Telefongespräch
Strukturen:	definiter Artikel und Definitpronomen
Wortschatz:	Preis, Lage, Größe einer Wohnung

Anregungen zur Unterrichtsgestaltung

Zur Grammatik
Das Definitpronomen steht ebenfalls für ein Nomen mit Artikel (der Bungalow → der). Es ist eigentlich ein verselbständigter Artikel, der die Nennung des Nomens selbst überflüssig macht. Daher ist es enger an das vorher im Text genannte Nomen gebunden als das Personalpronomen und hat stärker demonstrative Funktion: „Der Bungalow, ist der noch frei?". Es ist eine typische Form der gesprochenen Sprache. In schriftlichen Texten würde an seiner Stelle das Personalpronomen verwendet.

1. Zweimal Vorspielen des Dialogs
2. KT äußern, was sie verstanden haben; der KL schreibt das an die Tafel/ Folie, z. B.: „Ein Mann und eine Frau sprechen; er möchte eine Wohnung." „Die Wohnung kostet 480,– DM." „Die Wohnung hat 62 m²."
3. KT hören den Dialog zum zweiten Mal und vergleichen ihn mit ihren Äußerungen. Dann Vorspielen und Nachsprechen der Repliken.
4. KT lesen den Dialog mit verteilten Rollen.
5. KT spielen die Rollen des Wohnungssuchenden und des Vermieters durch:
a) Anhand einer Handlungsvorlage rekonstruieren die KT den Dialog aus dem KB schriftlich.
Der KL gibt hierzu ein Raster[1] (evtl. muttersprachlich) vor:

Das ausgefüllte Raster könnte dann so aussehen:

Wohnungssuche

Name: Koch	Guten Tag, hier ist Koch.	Guten Tag...	Name: ?
Wohnung frei?	Ist die Wohnung noch frei?	Ja.	
Fragen m²	Wie groß ist sie?	62 m²	Antworten ... m²
DM?	Was kostet sie?	480,– DM	... DM
wo?	Wo liegt sie?	In Altona, Bachstr. 5	... (wo)
Wohnung sehen	Ich möchte sofort kommen. Geht das?	Ja. Aber drei Leute sind schon hier.	schon Leute da
	Auf Wiederhören.	Auf Wiederhören.	

---

(1) H.-E. Piepho, Deutsch als Fremdsprache in Unterrichtsskizzen, Heidelberg, 1980

b) Eine andere Möglichkeit wäre: Der KL gibt den KT beschriftete Rollenkarten, mit denen sie einen neuen Dialog entwerfen und spielen können (besonders fürs Inland geeignet).

Vorderseite

A
liest in der Zeitung eine Anzeige und ruft an.

Vorderseite

B
hat eine Wohnung. hat einen Telefonanruf.

Rückseite

A
Ist sie noch frei? Wieviel kostet sie? Wie groß ist sie? Wo ist sie?

Rückseite

B
Die Wohnung ist noch frei. 480,– DM. In München, Bergstr. 3.

→ AB,
S. 24, 25
Ü 8, 10

→ AB, S. 26   Sind als Hausaufgabe oder in Einzelarbeit von den KT zu erarbeiten.
Ü 11, 12, 13

→ AB, S. 30
Inland   *Mietanzeigen*
Text

B3

4

Leseverstehen:	die beiden Berichte so verstehen, daß man die Wohnungssituation der beiden Familien beurteilen kann
Textsorte:	Interviews

Allgemeine Information

Die Schulung des Leseverstehens steht hier im Mittelpunkt. Der Rückbezug zu den Anzeigen auf S. 37 in KB macht deutlich, daß es für weniger gut verdienende Familien schwierig ist, eine passende Wohnung zu finden.

Anregungen zur Unterrichtsgestaltung

1. KT lesen die Aussagen der Familien Werner und Krause unter der Fragestellung „Was ist positiv/negativ für Herrn Werner und Frau Krause?" und tragen die Fakten stichwortartig in das abgebildete Raster ein. Anschließend gemeinsame Auswertung. (Ein methodischer Zwischenschritt zur Erleichterung der Informationsentnahme könnte eingeschaltet werden: die KT unterstreichen die

zentralen Wörter und übertragen sie erst nach einem Gespräch mit dem KL ins Raster.)

2. Aufgabe im KB, S. 40 unten.

Zur Grammatik

Aus den Texten auf S. 40 im KB werden die Verbformen der 1. Person Plural ermittelt. Der Vollständigkeit halber werden hier auch die Formen der 2. Person Plural dargestellt, so daß das Paradigma der Verbformen im Präsens jetzt komplett ist. Diese Formen werden im Arbeitsbuch geübt.

→ AB, S. 27
Ü 14, 15

KT beschreiben – als Hausaufgabe – eine Wohnung; *wer möchte*, kann seine eigene vorstellen.

→ AB, S. 28
Ü 16

Komische Adressen

→ AB, S. 29
Ausland
Text

Von Tür zu Tür im Hochhaus. – Einheitsmietvertrag.

→ AB, S. 29
Inland
Text

Hörverstehen: Aussagen der Vermieter verstehen
Situation: Telefongespräche: Wohnungssuche

B3

5

Schriftliche Wiedergabe der Telefonate auf Cassette

Wohnungssuche

Dialog 1
(Das Telefon klingelt. Eine ältere Dame nimmt ab. Die andere Stimme am Telefon hat einen jugoslawischen Akzent.)
O Hallo ... Hier Pohl ...
☐ Hier Boris Andoljsek ... Sie haben eine Anzeige in der Zeitung. Ist das Zimmer noch frei?
O (Zögernd) Ja, also ...
☐ Wie teuer ist das Zimmer denn?
O 170,– Mark ...
☐ Oh, prima, das ist gar nicht zu teuer.
O Was sind Sie denn von Beruf?
☐ Ich bin Kellner im Hamburger Hof.
O (Zweifelnder Tonfall) Ach, Sie sind Kellner ...
☐ Ja, aus Zagreb.
O Sie sind aus Jugoslawien?
☐ Ja ... Bitte, wie groß ist das Zimmer denn?
O Ja also, Herr   , es tut mir leid, aber das Zimmer ist schon weg. Es tut mir wirklich sehr leid. Auf Wiederhören.

Dialog 2
(Man hört Wählgeräusch vom Telefon. Boris Andoljsek wählt die nächste Nummer.)
O Neumann ...
☐ Guten Tag, hier Boris Andoljsek. Sie haben eine Anzeige in der Zeitung ...
O Ja ...
☐ Ist das Zimmer noch frei?
O Ja, das Zimmer ist noch frei.
☐ Wie groß ist das Zimmer denn?
O Oh, es ist sehr groß ... 25 m², glaube ich.
☐ Das ist ja phantastisch. Und was kostet es?
O 260 DM pro Monat.
☐ Mit Nebenkosten?
O Nein, die Nebenkosten sind extra ...
☐ Oh ...
O Ja, ich weiß, 260 DM, das ist teuer, aber die Möbel sind alle neu, das Zimmer ist schön groß und hell, und das Haus liegt sehr ruhig.
☐ Nein, nein, es tut mir leid; 260 DM – das ist zu teuer; Das geht nicht. Schade, auf Wiederhören.
O Ja dann ... Auf Wiederhören!

Dialog 3
(Boris flucht leise in seiner Muttersprache vor sich hin, während er die nächste Telefonnummer wählt)
O Ja, hier Behrend ...
☐ Boris Andoljsek ... Sie haben da eine Anzeige ...
O Ja, ja, möchten Sie das Zimmer?
☐ Ja, ist es noch frei?
O Ja ...
☐ Oh, phantastisch! Wie groß ist das Zimmer denn? Und wie teuer?
O Na, ja, das Zimmer ist nicht sehr groß, so etwa 17 m², und es kostet 150,– Mark.
☐ 150,– Mark? Das ist nicht zu teuer.
O Und was sind Sie von Beruf?
☐ Ich bin Kellner im Hamburger Hof. Und ich bin Jugoslawe.
O Aha, Sie sind Ausländer. Das macht nichts. Und Sie arbeiten im Hamburger Hof. Das ist gut, der Hamburger Hof ist nicht weit, und das Haus liegt sehr ruhig. Aber das Haus ist sehr alt, und die Möbel sind auch alt, und das Zimmer hat kein Waschbecken ...
☐ Das macht nichts. Ich möchte sofort kommen. Geht das?
O Ja, das geht. Die Adresse ist Pappelweg 2; Behrend ist mein Name.

Anregungen zur Unterrichtsgestaltung

Dialog 1
1. KT hören den Text.
2. KT lesen den Text der Übung.
3. KT hören den Text zum zweiten Mal.
4. Ergänzen des Lückentextes.
5. Die KT besprechen ihre Ergebnisse innerhalb einer Kleingruppe. Anschließend spielt der KL nochmals die Cassette vor und hält nach jeder Replik das Band an: gemeinsame Analyse falscher Antworten.

6. Hieran kann sich ein Unterrichtsgespräch – muttersprachlich – über das Verhalten von Frau Pohl anschließen. Nach wie vor kann es auf Grund von Vorurteilen für Ausländer schwierig sein, in Deutschland eine Wohnung zu finden. KT nennen Vorurteile, die sie kennen: „Sie sind unordentlich, sind laut, kochen stark riechende Gerichte, . . ." Mit Lernern im Inland sollte diese Problematik besonders aufgearbeitet werden. Welche Verhaltensweisen und Reaktionen sind in einer solchen Situation möglich bzw. angebracht? Wie könnte man mit vorurteilbehafteten Leuten trotzdem in ein Verhandlungsgespräch kommen? KL kann fragen „Gibt es so etwas auch in Ihrem Heimatland?"

Dialog 2
7. Vorgehensweise wie oben.

Dialog 3
8. Vorgehensweise wie oben.

Lösung zu Dialog 1: ein Zimmer; ein Zimmer; 170,–; Kellner; Jugoslawien (Zagreb)
Lösung zu Dialog 2: a = f; b = r; c = ?; d = r; e = f; f = r; g = r
Lösung zu Dialog 3: a = ja; b = 17 m², c = 150,– DM; d = nein; e = die Möbel sind alt / es hat kein Waschbecken / es ist nicht sehr groß; f = Pappelweg 2

Die Einen tragen des Anderen Last – Beratung in Miet- und Wohnungsfragen

→ AB, S. 30, 31
Inland
Text

Deutsch phantastisch **C**

Wohnen – alternativ

Anregungen zur Unterrichtsgestaltung

1. Frage an die KT: „Wohnen – alternativ", was ist das?
2. Falls nötig, erklärt der KL die Verben „schlafen", „kochen", „baden".
3. KT lesen den Text und hören ihn gleichzeitig von der Cassette. (Die Ortsangaben „in der Küche", „im Schlafzimmer", „im Bad". „im Wohnzimmer" nicht in ihrer grammatischen Form erklären, sondern als lexikalische Einheit einführen.)
4. KL: Was stimmt nicht? Was ist hier komisch?
5. KT erstellen weitere Dialoge: „Das alternative Wohnen von Familie Peißenberg".

Alternative zu 5.
In Dreier- oder Vierergruppen üben die KT den Dialog ein (evtl. mit Varianten) und nehmen dann innerhalb des Kurses eine fiktive Wohnungsführung vor.

Lektion 4

Thema: Essen und Trinken

Allgemeine Information

In dieser Lektion sollen die KT nicht nur lernen, wie man Essen in einem Lokal bestellt, sondern sie sollen auch typisch deutsche Essens- und Trinkgewohnheiten (u. a. bei einer Essenseinladung) kennenlernen. Das ist gleichzeitig eine Anregung, über Eßsitten im eigenen Land zu berichten.

A Einstieg in das Thema der Lektion

Anregungen zur Unterrichtsgestaltung

1. Der KL schreibt die Wörter „Essen" und „Trinken" an die Tafel, sammelt Assoziationen der KT wie: „teuer", „Ich möchte ein . . . essen, trinken", „Ich möchte in . . . essen" usw. „Ich trinke gern . . .", „Essen ist gut/nicht gut.", „Essen in Deutschland ist gut/nicht gut." usw. Die Verbalisierung erfolgt möglichst mit dem Sprachmaterial der vorausgegangenen Stunden.
oder:
2. Erarbeiten der Einstiegscollage:
a) Sammeln von Spontanäußerungen der Schüler zu der Collage, z. B. „Das Essen ist schön, phantastisch, . . .!", „Ich möchte das da!", „Was ist das?", „Das ist Käse.", „Und wie heißt das auf deutsch?" „Gabel.", „Was sehen Sie noch?", „Obst", „Brot", „. . ."
b) Je nach Unterrichtssituation auch folgende Fragen: „Was essen Sie gern?", „Was trinken Sie gern?", „Was ißt man viel in Ihrem Land?", „Was trinkt man viel in Ihrem Land?" Oder „Was essen Sie (nicht) gern in Deutschland?", „Was trinken Sie (nicht) gern in Deutschland?"

B1

Sprechintentionen:	einen Sachverhalt beschreiben; etwas erfragen; einen Sachverhalt bejahen oder verneinen und dementsprechend begründen
Thema:	Essensgewohnheiten von Deutschen
Strukturen:	Akkusativ des indefiniten Artikels, Mengenangaben, Inversion, *zu* und Adjektiv
Wortschatz:	Speisen und Getränke, Adjektive zur Beurteilung von Speisen und Getränken

Allgemeine Information

Die Übungen auf dieser Doppelseite bieten vielfältige Anlässe, deutsche Eß- und Trinkgewohnheiten mit denen im eigenen Land zu vergleichen. Auch erhält der Ausländer hier Gelegenheit, über seine eigenen Erfahrungen mit der deutschen Küche oder mit deutschen Eßsitten zu berichten.

Landeskundliche Information

Mittagessenszeit ist in Deutschland zwischen 11.30 Uhr (in Restaurants oft ab 12.00 Uhr) bis ca. 14.00 Uhr. Zum Kaffee ißt man in Deutschland häufig Gebäck oder Kuchen und trinkt Tee oder Kaffee (etwa zwischen 15.00 und 17.00 Uhr). Abendessen findet etwa zwischen 18.00 und 21.00 Uhr statt. Abends ist sowohl kalte als auch warme Küche üblich.

Anregungen zur Unterrichtsgestaltung

Schaubild
1. Klärung der auf den Fotos dargestellten Personen und Situationen: „Wer ist das?", „Was macht er/sie?", „Wo ist er/sie?"
2. Der KL schreibt an die Tafel die linke Leiste der Übersicht im KB, S. 44 mit den Essenszeiten (Frühstück, Mittagessen, Kaffee, Abendessen). Er zeigt auf die „Frühstücksuhr" und fragt: „Was ißt Herr Meinen zum Frühstück?" Dann: „Was ißt Herr M. zum Mittagessen?" usw. Die Antworten der KT werden an die Tafel geschrieben und so ein Text über die Eßgewohnheiten von Herrn Meinen entwickelt. Dabei führt der KL den Akkusativ des indefiniten Artikels ein (vgl. Merkzettel im KB, S. 44). Gegebenenfalls erklärt er in diesem Zusammenhang die Inversion: „Zum Frühstück ißt Herr Meinen . . ." (vgl. S. 131, 4 im KB). Die Inversion drückt hier den Gegensatz aus: *„Zum Frühstück ißt er . . ." „Zum Mittagessen ißt er . . .".* Das Inversionssignal ist darum hier betont (Kontrastakzent).

Übung 1a)
Die KT lesen Nr. 1a im KB, S. 44; anschließend Vergleich dieses Textes mit dem von den KT erstellten Text.

Übung 1b und c
Die KT erarbeiten 1b und 1c (evtl. in Gruppen). Sie schreiben die Texte auf oder machen sich zumindest Notizen.
Anschließend Besprechung der Texte im Kursforum. Dabei Korrektur.

Zur Grammatik
Im Zusammenhang damit Erarbeitung der Grammatikübersicht S. 130, 2 im KB: Unterschied zwischen Akkusativ und Nominativ erklären: Subsumptivergänzungen antworten auf die Frage: *„Wer oder was ist . . .?"* (Subsumptivergänzungen = Subjekt!). Akkusativergänzungen (hier nur Gegenstände, keine Personen) antworten auf die Frage: „Was ißt, trinkt, hat . . .?".
Für viele Ausgangssprachen, in denen Akkusativ und Nominativ der Nomen

gleich sind, müssen nicht nur Form, sondern auch Funktion des Akkusativ erklärt werden. Dazu stellt man am besten die Subsumptivergänzung des Verbs „sein" (Nominativ) dar (vgl. Lk 1) und stellt dann einige typische Verben mit Akkusativergänzung vor. „Essen", „trinken" und besonders „nehmen" eignen sich gut, die sprachliche Funktion der Akkusativergänzung zu erläutern, weil die Objektbezogenheit dieser Verben auch gestisch und mimisch besonders plastisch deutlich zu machen ist: Man tut etwas mit den Gegenständen, z. B. nimmt man mit der Hand ein Stück Kuchen und ißt es dann.

Nachdem die syntaktische Funktion des Akkusativs erklärt ist, können die Artikelformen im Akkusativ erläutert werden (2b), und zwar hier zunächst anhand des positiven indefiniten Artikels. Wenn man sie den Nominativformen gegenüberstellt, bemerkt man, daß nur die maskulinen Formen im Akkusativ vom Nominativ abweichen. Hierauf muß besonders hingewiesen werden. Anhand von S. 131, 4 werden die verschiedenen Möglichkeiten der Voranstellung eines Satzelements erklärt, wobei dann jeweils Inversion eintritt.

4a): Das Fragewort als Inversionssignal ist seit Lektion 1 bekannt. 4b): Eine freie Angabe kann am Satzanfang stehen. Auch sie zieht dann die Inversion nach sich. Sie macht in diesem Fall die enge Anknüpfung des Satzes an den vorhergehenden Text klar und ist leicht betont, da jeweils ein Gegensatz zwischen „Zum Frühstück", „Zum Mittagessen", „Zum Kaffee" und „Zum Abendessen" hergestellt wird. Der eigentliche Informationsschwerpunkt „ein Brötchen", also die obligatorische Ergänzung, wird in diesem Fall durch die Voranstellung der freien Angabe noch stärker betont.

4c): Der Vollständigkeit halber wird hier auch die Voranstellung der obligatorischen Ergänzung als Inversionssignal gezeigt. Sie erhält dadurch ebenfalls eine Kontrastfunktion zum vorhergehenden Satz und ist betont. Achtung: Wörter wie „ja", „nein", „aber", „und" usw., die man „Konjunktoren" nennt, haben keinen Einfluß auf die Satzbildung. Sie stehen außerhalb des Satzschemas.

Übung 2

8

Und was essen Sie zum Frühstück, Mittagessen, Abendessen?

→ AB, S. 35
Ü 14

Als Einzelarbeit im Kurs oder als Hausaufgabe.

Übung 3

Essen Sie gerne Kotelett? Diese gelenkte Übung kann noch mit anderen Lebensmitteln fortgeführt werden.

→ AB, S. 34
Ü 11

Übung 4

1. Besprechung der Grafik: „Was ißt man viel in der Bundesrepublik?" Heute? Vor 30 Jahren? Eventuell in der Muttersprache ein Gespräch über Veränderung von Essensgewohnheiten (auch im Herkunftsland); dafür Gründe suchen.
2. „Ißt man bei Ihnen (in Ihrem Land) viel ...?"

Zur Grammatik
KL kann bereits hier im Vorgriff Mengenangaben erklären: unbestimmte Menge steht ohne Artikel; „viel" als Mengenangabe. (vgl. S.131, 3 im KB)
Aus dem Text, evtl. aus der Collage, werden die Pluralformen der Nomen ermittelt und nach gleichen Endungen zusammengestellt. Eine Regel für die Bildung der Pluralformen kann auf dieser Lernstufe nicht gegeben werden, da die Lerner noch zu wenig Nomen kennen. Also muß für jedes Nomen die Pluralform mitgelernt werden.
An dieser Stelle kann auch die Konjugation von „sprechen", „essen" und „nehmen" behandelt werden. Diese Verben wechseln in der 2. und 3. Person Singular den Vokal (e – i).

Leben (Stefan Suhlke) – Liedchen aus alter Zeit (Bertolt Brecht) – Kindergedicht (Jürgen Spohn)

→ AB, S.40
Ausland
Texte

Leseverstehen:	aus einer Speisekarte Speisen und Getränke auswählen
Textsorte:	Speisekarte
Strukturen:	*Es gibt . . .; Es gibt nicht . . .;* Pluralbildung der Nomen
Wortschatz:	weitere Speisen und Getränke

B2

1

Anregungen zur Unterrichtsgestaltung

Frage 1 bis 3
Die KT unterstreichen die bekannten Wörter und Gerichte in der Speisekarte oder schreiben sie auf; dann notieren sie Gerichte aus dem eigenen Land. Anschließend Auswertung im Kursforum.

Frage 4
KT stellen Menüs zusammen. Gegebenenfalls Einsatz der Tafel.

Frage 5
Gegebenenfalls Einsatz der Tafel.

boycott à la carte (Yaak Karsunke)

→ AB, S.40
Ausland
Text

→ AB, S.32
Ü 2, 4

Textsorte:	Würfelspiel
Strukturen:	Mengenangaben
Wortschatz:	Besteck, Speisen und Getränke

Anregungen zur Unterrichtsgestaltung

1. Der KL erklärt anhand der Querleiste unten und des Würfelspiels die Bildung der Mengenangaben b) die Pluralbildung (vgl. auch Grammatikanhang im KB, S.131, 3 und S.129, 1)

8 📖 <u>Zur Grammatik</u>
S. 131, 3:
Mengenangaben antworten auf die Frage „wieviel?". Wörter, die einen Stoff, eine Masse angeben, wie z. B. Bier, Kaffee, Zucker oder Milch, stehen nach der Mengenangabe im Singular; Wörter, die einzelne zählbare Gegenstände bezeichnen, wie z. B. Kartoffel, Ei, Gabel, Messer, stehen nach der Mengenangabe im Plural. Achtung: Gelegentlich wird eine Stoffbezeichnung für einen Einzelgegenstand verwendet: „ein Bier = ein Glas Bier"; manche Wörter können sowohl in der einen als auch in der anderen Funktion auftreten: „Brot" = Stoff, eine bestimmte Art von Lebensmittel; „ein Brot" = ein einzelner Gegenstand.

2. Der KL erklärt die Spielregeln.
Es gibt verschiedene Möglichkeiten, das Spiel zu spielen: a) KT würfelt eine Zahl und geht mit seiner Figur auf die entsprechende Position. Steht z. B. die Figur auf dem Brötchen, so sagt der KT „Das ist ein Brötchen". b) Es sind auch andere Äußerungen möglich, z. B.: „Ich möchte ein Brötchen", „Ich mag keine Brötchen" usw. Der Partner entscheidet, ob die Äußerung richtig war.
3. Die KT spielen in Dreiergruppen das Spiel. Wenn sie Schwierigkeiten haben, fragen sie den KL.

→ AB,
S. 32, 33
Ü 1, 5, 8

Sprechintentionen:	Speisen bestellen, Speisen bezahlen, reklamieren
Situation:	in einem Restaurant
Strukturen:	Akkusativ des indefiniten Artikels, Akkusativ des definiten Artikels, Pluralbildung der Nomen

Anregungen zur Unterrichtsgestaltung

Dialog (S. 48)

1. KL spielt einen Kellner, legt zwei KT eine Speisekarte (evtl. Kopie von S. 46) vor: „Bitte, was bekommen Sie?" und nimmt die Bestellung auf.

2. Zweimal Vorspielen des Dialogs im KB, S. 48. Verständnisfragen stellen: 📼
„Wer bestellt was?", „Wer sagt was?" usw. Neue Wörter erklären. Dann phonetische Übung: Vorspielen und Nachsprechen der Repliken.
3. Nochmaliges Vorspielen; KT lesen den Text im Buch mit.
4. Klären der neuen Redewendungen und Wörter: „bestellen", „bekommen",
„Weißwein", „lieber", „geht das?" „Apfelsaft".
5. Lesen des Dialogs mit verteilten Rollen.
6. Drei KT spielen den Dialog anhand des Dialoggeländers durch.　　　 15, 16
7. Dreiergruppen spielen die Bestellung zunächst noch mit Hilfe des Dialoggeländers, dann frei unter Einbeziehung der Speisekarte auf S. 46 im KB.

Zur Grammatik
S. 130:
Wiederholung der Akkusativformen und -funktionen anhand neuer Verben:
„bestellen", „bekommen", „mögen". Verwendung des negativen indefiniten
Artikels im Akkusativ.

Alternative zu 1–4
1. Klärung der Situationszeichnung: „Wo sind der Mann und die Frau?" „Was
machen sie?" „Was sagen sie wohl?" KT entwerfen mit Hilfe der Speisekarte
auf S. 46 einen Dialog (auf Folie oder an der Tafel).
2. Zweimal Vorspielen des Dialogs. Verständnisfragen stellen. Vorspielen und 📼
Nachsprechen der Repliken.
3. Nochmaliges Vorspielen; die KT lesen dabei den Text mit.
4. Vergleich mit dem eigenen Dialog, Unterstreichen der neuen Redemittel;
gemeinsam werden neue Wörter geklärt.
Dann weiter wie oben unter Nr. 5

Ullas Schnellimbiß, Im Restaurant 　　　　　　　　　　　　　　　14, 17
　　　　　　　　　　　　　　　　　　　　　　　　　　　　　→ AB S. 34
　　　　　　　　　　　　　　　　　　　　　　　　　　　　　Ü 9, 10, 12

Dialog S. 49

Landeskundliche Information

In deutschsprachigen Ländern ist es durchaus üblich, daß ein Mann und eine
Frau essen gehen und beide getrennt bezahlen. Generell muß der Mann keines-
falls selbstverständlich für seine Partnerin mitbezahlen, es sei denn, er hat sie
eingeladen. Unter Umständen ist das in den Herkunftsländern der KT ganz
anders und dann sicherlich ein interessantes Gesprächsthema.

Anregungen zur Unterrichtsgestaltung

1. Klären der Situation auf S. 49 im KB anhand der Zeichnung.
2. Die KT machen Vorschläge, was sie sagen, wenn sie im Restaurant zahlen
möchten (bes. Inlandlerner).
3. Vorspielen des Dialogs 1 bei geschlossenen Büchern. 📼
4. Nochmaliges Vorspielen des Dialogs; nach jeder Replik Stoppen der Cas-

sette; die KT sehen sich dabei das Bild auf S. 49 an und entscheiden: Wer sagt was?

5. Klären der neuen Begriffe „zusammen", „getrennt", („bezahlen") „das macht . . .:". Gegebenenfalls an dieser Stelle landeskundliche Informationen (s. o.) einbringen. Vorspielen und Nachsprechen der Repliken.

6. Zweimal Vorspielen von Dialog 2.

7. KT lesen den Dialog mit verteilten Rollen.

8. Zur Grammatik

Der definite Artikel im Akkusativ wird in Analogie zum indefiniten Artikel dargestellt. In den Dialogen auf S. 48 und 49 im KB und in den Übungen 1, 2 und 3 auf S. 49 wird die Verwendung des definiten und indefiniten Artikels aus der Situation deutlich: Beim Bestellen der Speisen und Getränke wird vorwiegend der indefinite Artikel verwendet (die Speisen sind noch unbekannt, es wurde noch nicht von ihnen gesprochen). Sobald die Speisen auf dem Tisch stehen (Übung 2) bzw. verspeist sind und bezahlt werden (Übung 3), also bekannt sind, wird der definite Artikel verwendet.

9. KT spielen beide Dialogvarianten.

Alternative zu 1–2

1. Vorspielen des Dialogs 1.

2. „Was machen die Leute hier? Was ist das Thema des Gesprächs?" Jetzt weiter unter Nr. 3 oben.

Übung 1, 2, 3

→ AB, S. 32
Ü 3,
S. 35 Ü 13
S. 36
Ü 15, 16, 17   als Hausaufgabe

16, 17   Dialog mit Kellner, Im Restaurant

→ AB, S. 39   *Schmeckt's?*
Inland   Gespräch darüber, a) wie die KT Restaurants der verschiedenen Nationalitäten
Text   in ihrem Wohnort beurteilen, b) wie sie die deutsche Küche beurteilen.

B2		
5		
Leseverstehen:	Preisinformationen aus einer Tabelle entnehmen
Textsorte:	Preisinformationswerbung
Situation:	Einkauf
Strukturen:	Plural der Nomen, Mengenangaben

Anregungen zur Unterrichtsgestaltung

1. KT lesen das Lebensmittelinserat und unterstreichen alle Wörter bzw. Wortteile, die sie verstehen. Im gemeinsamen Gespräch versuchen sie möglichst viele der Warenbezeichnungen zu klären.

2. KL spielt die kleine dialogische Übung mit einem (oder mehreren) KT anhand des Einkaufszettels durch: Üben der Maßangaben und der Pluralformen.

3. KT beantworten den zweiten Teil der Übung: „Das haben die beiden gekauft. Und was hat Frau Berger, Herr Müller gekauft?" Die Frage bezieht sich auf die beiden anderen Quittungszettel vom 10. 9. 83 und 4. 5. 83. Die KT suchen die jeweiligen Lebensmittel heraus. Auf korrekte Bildung der Pluralformen und der Mengenangaben achten. Anschließend Auswertung im Kurs.

4. Je zwei KT spielen die passenden Einkaufsdialoge zu den Quittungszetteln von Frau Berger und ihrem Mann und Herrn Müller und seiner Frau (nach dem Musterdialog: „Was brauchen wir noch?")

Zur Grammatik
S. 129, 1 und S. 131, 3:
Festigung/Wiederholung von Pluralformen und Mengenangaben.

→ AB, S. 32
Ü 6

→ AB, S. 33
Ü 7, 8

Sprechintentionen:	jemanden auffordern, etwas zu tun; Gefallen ausdrücken; sich bedanken	**B3**
Situation:	private Einladung zum Essen	
Strukturen:	Mengenangaben, Imperativ	1

Anregungen zur Unterrichtsgestaltung

1. Klärung der Situation in der Zeichnung.
2. Die KL sammeln Äußerungen, die die Personen auf dem Situationsbild während des Essens von sich geben können, z. B.: „Was möchtest du?" „Ich mag gerne Fisch." „Du ißt zu viel." usw.
3. Übung 1, 2, 3: Kettenübungen in der Klasse. KL spielt einige Beispiele mit KT vor.

Zur Grammatik
S. 131, 5:
Die drei Imperativformen werden erklärt. Imperativ-Sätze haben grundsätzlich Inversionstruktur. In der „du"- und „ihr"-Form fällt das Subjekt weg! Der reine Imperativ ist in dieser Situation unhöflich. Man setzt deshalb die Angabe „doch" oder „bitte" dazu. Spontane Übung parallel zur Grammatikübersicht: „Ich möchte noch Suppe." „Dann nimm doch noch Suppe." usw.

→ AB, S. 36
Ü 17
→ AB, S. 38
Ü 21
→ AB, S. 37
Ü 18, 19,
20

Hörverstehen: Konversation während einer privaten Einladung zum Essen verstehen können
Situation: private Essenseinladung bei einem Schweizer Paar

Landeskundliche Information

In Deutschland lädt man im allgemeinen zwischen 19 und 20 Uhr zum Abendessen ein. Ist die Einladung für einen späteren Zeitpunkt angegeben, kann man davon ausgehen, daß kein warmes Essen, sondern nur Getränke und Kleingebäck angeboten wird. Über Mitbringsel bei einer Einladung, vgl. S. 143.

Schriftliche Wiedergabe des Gesprächs auf Cassette

Einladung zum Essen

(Man hört eine Uhr siebenmal schlagen.)
☐ Bitte setzt euch doch.
(Man hört Stühle scharren.)
Indira, gibst du mir bitte deinen Teller?
(Man hört die Geräusche beim Einfüllen von Suppe.)
○ Danke, das ist genug.
△ Guten Appetit.
○ Danke gleichfalls.
(Man hört das Geräusch von Suppenlöffeln und Tellern.)
Die Suppe schmeckt phantastisch, Birgit.
☐ Danke, das freut mich.
(Man hört die Geräusche beim Einsammeln der Teller.)
△ Indira, möchtest du Wein oder Bier?
○ (lachend): Was, Wein aus der Schweiz?
Ich weiß nicht so recht ...
△ (auch lachend) Jetzt hör aber auf: Wir trinken viel Wein, weißt du?.
○ Gut, dann trinke ich also heute mal Wein aus der Schweiz.
△ Hier, das ist ein Weißwein aus dem Wallis. Ein ganz guter Tropfen. Ich meine, der schmeckt sehr gut.
(Man hört, wie Wein eingeschenkt wird.)
☐ Prost.
○ Zum Wohl.
(Man hört Essensgeräusche.)
(B steht auf und holt das Essen.)
(Man hört, wie etwas auf den Teller gegeben wird.)
△ Schmeckt es?
○ Danke, sehr gut.
Was ist das?
☐ Das ist Zwiebelhähnchen.
Möchtest du das Rezept?
○ Ja gerne.
△ Komm, Indira, nimm doch noch etwas.
○ Danke, das Essen ist sehr gut.
Aber ich bin wirklich satt.

☐ Na ja, wir haben ja noch den Nachtisch . . .
Es gibt Obst.

Anregungen zur Unterrichtsgestaltung

1. Klärung des Situationsfotos: „Was machen die Leute?" „Was sagen sie wohl?"
2. Zweimal Vorspielen des Gesprächs.
3. KT beantworten Übung
Lösung: 2a = f; b = f; c = f; d = r; e = f; f = f; g = ?; h = r; i = r; j = r.
4. Sie hören noch einmal das Gespräch und korrigieren gegebenenfalls ihre Antworten. Anschließend Auswertung im Kursforum. Besprechung schwieriger Stellen und evtl. nochmaliges Vorspielen der Stellen, bei denen die KT Fehler gemacht haben.

| **Leseverstehen:** | Informationen aus einem deutschen Rezept entnehmen, um das Gericht kochen zu können |
| **Textsorte:** | Rezept |

B3

③

Anregungen zur Unterrichtsgestaltung

1. Unterstreichen oder Herausschreiben der Verben im Rezept. Klärung der Bedeutung dieser Verben anhand der Bilder, im gemeinsamen Gespräch oder durch das Glossar.
2. Gegebenenfalls Übersetzen dieses Rezepts in die Muttersprache.
3. Wenn möglich, sollten Sie dieses Rezept im Kurs kochen. Die KT sollten anschließend eigene Rezepte aus ihrem Land mitbringen und – wenn möglich – im Kurs auch ausprobieren.

Müsli ist gesund.
Dieser Text hat landeskundliche Funktion. Inhaltlich paßt er schon zu B1; was die sprachlichen Schwierigkeiten betrifft, ist er besser an dieser Stelle im Unterricht zu behandeln.

→ AB, S.39
Ausland
Text

Mexikaner in Deutschland.
Man kann anhand dieses Textes besprechen, inwieweit die KT ihre eigene einheimische Küche in Deutschland kochen können, welche Schwierigkeiten sie bei der Beschaffung von Nahrungsmitteln haben usw.

→ AB, S.40
Inland
Text

Dialoge sollten im Kurs ausgewertet werden.

→ AB, S.36
Ü 16

C Deutsch phantastisch

Ein schwieriger Gast

Anregungen zur Unterrichtsgestaltung

1. Beschreibung des Bildes im KB.
2. Zweimal Vorspielen des Dialogs bei geschlossenen Büchern.
3. Klären der unbekannten Wörter: „ein Stück", „Schinken", „Sekt", „Verzeihung", „Omelett". Verständnisfragen stellen. Dann phonetische Übung: Vorspielen und Nachsprechen der Dialoge.
4. Zur Vorbereitung eines freieren Rollenspiels kann der KL Wortfelder zusammenstellen lassen.
5. Nochmals Vorspielen des Dialogs. KT lesen im Buch mit. Anschließend Lesen mit verteilten Rollen.

Fleisch	Nachtisch	Fisch
Sauerbraten	Eis	Forelle
Steak	Eisbrecher	
Schweinshaxe	Pudding	
. . .	Obst	
	. . .	
Vorspeisen		
Suppe		
. . .		

5. Jeweils 2 KT bereiten das Rollenspiel vor und finden dabei beliebig weitere Wünsche des Gastes: („Bitte ein Stück Bier, eine Tasse Marmelade" usw.)
Transfermöglichkeit: Einkauf im Lebensmittelgeschäft
Einige Gruppen tragen anschließend ihre Version vor.

Lektion 5

Thema: Alltag, Arbeit und Freizeit

Allgemeine Information

In dieser Lektion sollen sich die KT in einem ersten Zugriff auf diesen Themenbereich ihren alltäglichen Lebensbereich während der Arbeit und in der Freizeit sprachlich erarbeiten. Sie sollen ihren Tagesablauf beschreiben können, sich mit anderen zu Freizeitveranstaltungen verabreden können und sich mit einigen Aspekten des Themas „Arbeit" (Arbeitszeit, Arbeitsmoral, Arbeitslosigkeit, Arbeit als Gegensatz zu Leben?) kritisch auseinandersetzen. Landeskundliche Information liefert vor allem B3 über die Einstellung der Deutschen zur Arbeit und die Arbeitsmarktsituation in der Bundesrepublik Deutschland.

Einstieg in das Thema der Lektion $\boxed{A}$

Anregungen zur Unterrichtsgestaltung

1. Die KT formulieren, was ihnen zu den einzelnen Teilen der Collage einfällt.
2. Der KL oder die KT entscheiden, mit welchem Teil der Collage sie sich weiter beschäftigen wollen. 3 Möglichkeiten:

a) *Der Schlagwortzettel auf dem Hut:*
Der KL lenkt die Aufmerksamkeit der KT auf diese Schlagworte; sie nehmen zu den verschiedenen Versionen Stellung, z.B. „gefällt mir nicht" „Das finde ich auch". „Ja." „Nein." „Weiß ich nicht." „Blödsinn." usw. In einer sprachlich homogenen Klasse kann man anschließend ein ausführliches Gespräch in der Muttersprache über das Verhältnis von Arbeit, Freizeit und Leben führen. (Mögliche Aspekte: Arbeit zur Lebenserhaltung, Arbeit als Selbstverwirklichung, entfremdete Arbeit).

b) *Die Bildgeschichte über den Ablauf einer Woche im Leben eines arbeitenden Menschen:*
Je nach Sprachstand der KT beschreiben diese den Verlauf und den Sinn der Darstellung in Deutsch oder in der Muttersprache. Gegebenenfalls Sprechanlaß für ihr eigenes Verhältnis zur Arbeit.

c) Die KT beschreiben die *verschiedenen Aktivitäten* auf der Collage.
Z.B. „Leute treffen Freunde. Sie essen und trinken viel. Sie trinken Wein und essen...." „Eine Frau macht Musik..." „Das hier ist ein Sessel, ein Tisch, ein Fernseher, ein Teppich..." (vgl. Lk 3) usw. Bei Satzbildungen von Verben mit Verbzusatz kann der KT – wenn nötig – die Satzstellung korrigieren, z.B. bei dem falschen Versuch: „Ein Mann fernsieht."

Sprechintentionen:	etwas beschreiben
Textsorte:	Bildteil einer Werbeanzeige für ein Passagierschiff
Strukturen:	Verben mit Verbzusatz
Wortschatz:	Verben zu Arbeit- und Freizeitaktivitäten, Dienstleistungsbetriebe

Anregungen zur Unterrichtsgestaltung

Übung 1

1. Die KT versuchen die neuen Begriffe, anhand der Deck-Nr. und des Bildes zu identifizieren. Dabei können sie durch verschiedene Kombinationen die jeweilige Bedeutung feststellen (z. B. mehrere Internationalismen: Bar, Restaurant, Café, Bibliothek usw.). Oder: Auf Deck 10 sind Kino, Sport- und Fitneßzentrum leicht zu lokalisieren. Es bleibt dann nur noch eine Situation für das neue Wort „Krankenhaus" übrig. Die KT helfen sich gegenseitig, aber schlagen möglichst nicht im Glossar nach.

Anschließend Besprechung im Kursforum, durch welche Kombinationsverfahren, sie z. B. herausbekommen haben, was ein „Krankenhaus" und was ein „Kino" ist.

2. Die KT stellen anhand der einzelnen Schiffseinrichtungen die dazu passenden Aktivitäten zusammen. Der KL notiert das Ergebnis an der Tafel, zum Beispiel:

ein Schwimmbad:	schwimmen,
	Leute treffen
eine Bar:	Freunde treffen
	trinken
	Musik hören

usw.

→ AB, S. 45
Ü 10

Als Hausaufgabe oder als Vorbereitung auf diesen Unterrichtsschritt

Übung 3 und 4

1. Die KT beantworten Frage 3 und 4. Anschließend Auswertung im Kursforum.
2. Der KL erläutert anhand der Übersicht im KB, S. 132, 1 und 2 die Verben mit Verbzusatz und die Satzstellung bei diesen Verben.

Zur Grammatik

In Analogie zur Akkusativergänzung wird die Verbativergänzung erklärt: In diesem Fall besteht die obligatorische Ergänzung eines Verbs nicht in einem Nomen, sondern in einem Verb im Infinitiv: „schwimmen gehen" (daher: „Verbativergänzung"). Wie jede obligatorische Ergänzung trägt die Verbativergänzung im Normalfall den Satzakzent: „Ich gehe schwimmen."

Im allgemeinen bereiten die Verben mit Verbzusatz („fernsehen", „aufräumen"...) den Lernern große Schwierigkeiten bei der Satzbildung. Aus der Übersicht 2 wird deutlich, daß der Verbzusatz („fern" und „auf") an der zweiten Leerstelle für „Verb" steht. Wenn keine obligatorische Ergänzung vorhanden ist, trägt der Verbzusatz den Satzakzent: „Die Leute sehen auch fern." Zusätzlicher Hinweis: Bei einem Verb mit Verbzusatz trägt immer der Verbzusatz den Wortakzent: „fernsehen", „aufräumen".

Übung 2
1. Die KT lesen Frage 2 und den Text und beschreiben dann zwei andere Decks (z. B. 7, 6, 8). Anschließend Besprechung der Einzelarbeit im Kurs. Der KL korrigiert lexikalische und grammatische Fehler.

Das Assoziogramm steht am besten als Wiederholung am Beginn der nächsten Kursstunde.

→ AB, S. 41
Ü 1

Sprechintentionen:	Tagesablauf beschreiben
Textsorte:	Bildergeschichte
Strukturen:	Uhrzeiten, Verben mit Verbzusatz, Frage mit *wann*
Wortschatz:	*noch, da*

B1

2

Allgemeine Information

Diese Bildgeschichte zeigt verschiedene Leute vom Schiff auf den vorangegangenen Seiten 56, 57 im KB während ihres Tagesablaufs (Die *blau* unterlegten Bilder zeigen Personen im Dienstleistungbereich, die für die Urlauberin – auf *grünem* Hintergrund – arbeiten, während diese sich erholt.)

Anregungen zur Unterrichtsgestaltung

1. Die KT üben mit Hilfe der Uhrzeitenfolie (oder einer selbstgemachten Pappuhr mit beweglichen Zeigern) die Uhrzeit ein. Zunächst nur Einführen von halben und ganzen Stunden.
Fragen: a) „Wieviel Uhr ist es?" „Es ist elf Uhr." „Halb elf." usw.
b) „Was machen Sie um elf Uhr?" „Um ein Uhr?" usw.
(Der KL fragt in dieser und den nächsten Stunden öfter nach der Uhrzeit.)

18

9

Zur Grammatik
S. 133,5:
Darstellung der Uhrzeit: Es gibt zwei Möglichkeiten der Uhrzeit-Angabe: Die 12-Stunden-Zählung und die 24-Stunden-Zählung. Beide werden inzwischen weitgehend parallel gebraucht, wobei die 24-Stunden-Zählung auf jeden Fall im offiziellen Bereich verwendet wird (Radio, Fernsehen, Ämter usw.). Bei der

24-Stunden-Zählung werden die Minuten zu den Stunden addiert, bei der 12-Stunden-Zählung wird jeweils addiert oder subtrahiert (siehe Schema).

2. *(vgl. Übung 1)* KT sehen sich die Bildgeschichten im KB, S. 58 und 59 an. KL fragt: „Wann steht Frank Michel auf?" „Wann bedient Frank?" usw. KL wählt dabei möglichst nur bekannte Verben, damit der Schwerpunkt auf der Übung der Uhrzeit bleibt. Anschließend fragen sich die KT gegenseitig.

3. *(vgl. Übung 2)* KT beschreiben möglichst viele Bilder, z. B.: „Um sieben Uhr schläft Frieda Still." „Um halb zehn ißt Frieda." usw. Der KL hilft gelegentlich weiter mit der Frage: „Was macht ... um ... Uhr?" Nach und nach werden so auch die neuen Wendungen erarbeitet: „Anne Hinkel macht Betten" usw.

4. Der KL schreibt die neuen Redemittel an die Tafel oder auf die Folie mit der Bildergeschichte. Unterstreichen der zweiteiligen Verben. Eventuell Hinweis auf den Satzbau (vgl. die Übersicht auf S. 132, 1 + 2) und die Konjugation von zwei Verben mit Vokalwechsel (a > ä): schlafen, anfangen (S. 133, 4).

5. KT übernehmen die Rollen der vier Personen und beschreiben jeweils deren Tagesablauf: „Ich heiße ... Ich bin ... von Beruf. Ich stehe um ... Uhr auf ..."

6. Die KT beschreiben schriftlich den Tagesablauf von Frank Michel (Übung 3a), Anne Hinkel (3 b), Klaus Berger und Frieda Still. Der KL lenkt vor allem die Aufmerksamkeit auf stilistische Phänomene bei der Erstellung eines zusammenhängenden Textes (z. B. Anwendung der Inversion, um den jeweiligen Schwerpunkt einer Aussage hervorzuheben: „Er steht um 5 Uhr auf, um sieben Uhr fängt er seine Arbeit an." Die Betonung liegt auf den Uhrzeiten.)

Anschließend lesen die KT ihre Textfassungen im Kurs vor. Der KL fordert die anderen KT auf, Fehler zu korrigieren. Ein Ergebnis der Partnerarbeit wird an die Tafel oder auf Folie geschrieben. Auch hier gemeinsame Korrektur von Fehlern.

7. *Übung 3 c:* Ein Vergleich der vier Tagesabläufe. Zur Vorbereitung erklärt der KL die sprachlichen Vergleichsmittel „noch" – „da", „auch noch" an entsprechenden Beispielsätzen: Sie haben die Funktion, in einem solchen Text die zeitlichen Relationen anzugeben.

8. Gespräch über den eigenen Tagesablauf der KT. Zusätzlich ein Gespräch über Freizeitaktivitäten der KT, z. B.: „Was machen Sie am Wochenende?", „Was machen Sie am liebsten?"

Alternatives Vorgehen zu 1–5
1. (vgl. oben)
2. (vgl. oben)

3. Redemittelstreifen

Frank Michel steht auf

... fängt seine Arbeit an

... bedient

... räumt auf

... schreibt die Bestellung auf

... räumt auf

... sieht fern

... geht schlafen

Anne Hinkel steht auf

... macht Betten

... bringt Medikamente

... bringt Essen

... macht Pause

... macht einen Verband

... trifft Freunde

... geht schlafen

usw.

Der KL bereitet diese Streifen vor und verteilt jeweils ein Päckchen dieser Redemittelstreifen an die Kleingruppen. Diese legen sie unter die passenden Bilder im KB, S. 58, 59 und lesen anschließend das Ergebnis im Kursforum vor.

4. Heraussuchen der Verben mit Verbzusatz. Eventuell Hinweis auf den Satzbau (vgl. die Übersicht auf S. 132, 1 und 2). Konjugation von zwei Verben mit Vokalwechsel (a > ä): schlafen, anfangen (S. 133, 4)

5. KT fragen sich gegenseitig und beantworten die Fragen unter Übung 1 und 2.

6. weiter unter Nr. 6 oben.

Alternative
Tageszeiten/Tätigkeiten

Diese Übungen können an Stelle des Arbeitsschritts Nr. 8 Ausgangspunkt für ein Unterrichtsgespräch sein über Tagesabläufe der KT, ihre Arbeitszeit, ihre Freizeitaktivitäten usw.

Was machen Sie gern?

9

20

→ AB, S. 43
Ü 4
→ AB, S. 41,
42 Ü 2, 3
S. 43 Ü 5
S. 44
Ü 6, 7
S. 45
Ü 8

19

B2

1

Sprechintentionen:	etwas beschreiben, jemanden einladen, sich verabreden
Textsorte:	Werbeanzeigen von Lokalen
Situation:	im Kurs
Strukturen:	Präposition *in* mit Akkusativ auf die Frage *wohin?*
	Modalverben *können* und *müssen*

Anregungen zur Unterrichtsgestaltung

1. KL diskutiert mit den KT: „Was machen Sie abends?", „Was machen Sie nach dem Kurs?"

2. KT sehen sich die Anzeigen im KB, S. 60 an und füllen den Raster aus: „Was kann man hier machen?" usw. Anschließend kurzer Vergleich der Ergebnisse im Klassenforum; dabei Erklärung der „offiziellen" Zeitangabe: 19 Uhr (vgl. S. 135, 5).

Landeskundliche Information

In der deutschen Umgangssprache sind inzwischen beide Formen der Zeitangabe üblich. Die Unterscheidung zwischen „offizieller" und „privater" Zeitangabe ist weitgehend weggefallen (vgl. auch S. 119 f.)

3. Vorspielen der Minidialoge im KB, S. 60. Verständnis klären

4. Erklärung des Merkzettels im KB, S. 60.

Zur Grammatik
Hier werden die Lerner zum erstenmal mit der Richtungsfunktion der Präposition „in" konfrontiert. Diese wird nur anhand des Merkzettels klargemacht. Damit werden die Lerner vorsichtig auf den schwierigen Bereich der Richtungspräpositionen in Direktivergänzungen (Lektion 6) und der Wechselpräpositionen in Direktiv- und Situativergänzungen (Lektion 8) vorbereitet.

5. Der KL regt 4 KT an, sich auf ähnliche Weise wie im Musterdialog im KB, S. 60 zu verabreden. Sie wählen dabei Treffpunkte aus ihrer eigenen realen Umgebung aus.
(6. Verabredungsgespräch in Kleingruppen)

Alternative zu 1–3
1. (wie oben)
2. (wie oben)
3. KL provoziert einen KT zu einem kleinen Gespräch: „Der Kurs ist um ... Uhr zu Ende. Ich möchte dann noch einen Kaffee (Bier, Cola trinken). Gehen Sie mit?" „Ja (nein)." „Wohin?" „In ..."
Er fragt dann noch weitere KT und erarbeitet, wenn ein KT verneint, die Antwort: „Ich kann nicht! Ich muß noch ..."
Dann weiter unter Nr. 3

Zur Grammatik

S. 132, 3: In Anlehnung an die Darstellung in Lektion 2 (Modalverb „mögen")
werden die Modalverben „können" und „müssen" erklärt. Wichtig ist hier die
Integration eines Verbs mit Verbzusatz in den Satz mit Modalverb. Bei den
Formen von „können" und „müssen" muß auf die von der normalen Konjugation abweichenden Endungen in der 1. und 3. Person Singular hingewiesen
werden. Zum Vergleich werden noch einmal die regelmäßigen Formen von
„mögen" als Modalverb („ich möchte") dargestellt.

Präposition „in" und Akkusativ auf die Frage „wohin?"	→ AB, S. 46 Ü 12, 13 S. 47
Verbbildung	Ü 14, 15
Satzbaupläne	Ü 16 S. 11
Diese Übung kann eine Vorbereitung auf den nächsten Lernabschnitt sein.	Ü 11
	→ AB, S. 51
Anzeigen	Inland Text

Sprechintentionen:	jemanden einladen; sich mit jemandem verabreden; etwas ablehnen; sein Bedauern ausdrücken; zu- stimmen	**B2**
Situation:	zwei Freunde verabreden sich	
Strukturen:	Modalverben *können* und *müssen*	②
Wortschatz:	Tageszeiten	

Anregungen zur Unterrichtsgestaltung

1. Zweimal Vorspielen des Dialogs.
2. Überprüfen des Globalverständnisses: „Was möchte der Mann?", „Warum
kann die Frau Montag abend nicht?", „Gehen die beiden essen? Wann?"
KT äußern, was sie verstanden haben. Dann Vorspielen und Nachsprechen der
Repliken.
3. Nochmaliges Vorspielen. Die KT lesen den Text im KB mit.
4. Wenn nötig, Erklären der neuen Wörter „vielleicht", („um wieviel Uhr"),
„so um acht".
5. Je 2 KT spielen den Dialog mehrmals nach (möglichst mit Varianten aus
dem Dialoggeländer). KL korrigiert die Intonation.
6. Spiel im Kursforum: Miniverabredungsdialoge im Klassenforum: einer lädt
ein, der andere findet eine Entschuldigung, warum er nicht kann. Gewonnen
hat, wer die beste Entschuldigung findet.
7. 2 KT spielen den Dialog. Der Eingeladene verwendet den Terminkalender,
der nur zwei freie Termine aufweist. Der Dialog wird so lange gespielt, bis einer
dieser offenen Termine gefunden wird.

21 ⊵◼ Alternative
1. Der KL verteilt 2 Handlungskarten an 2 KT (einmal männlich und einmal weiblich).

| 1. | Sie möchten tanzen gehen. Laden Sie ... am Montag um 8.00 Uhr ein! | 2. | Am Montag um 8.00 Uhr müssen Sie arbeiten. Am Dienstag sind Sie frei! |

Die KT spielen einen entsprechenden Dialog vor (vgl. auch Lk 3, S. 102).

2. (weiter wie oben unter Nr. 1)

10 📖 Ich muß – ich kann – ich möchte

→ AB, S. 48
Ü 18
Verabredungsdialog als Hausaufgabe

S. 49
Ü 19, 20
Modalverben „können" und „müssen"

S. 50
Ü 21
Übung 21 sollte anschließend im Kurs besprochen werden.

→ AB,
S. 52, 53
Inland
Text
Volkshochschule – die Schule für Erwachsene

B2

③

| **Textsorte:** | Freizeitkarte |
| **Strukturen:** | Modalverben *können* und *müssen*; Uhrzeiten |

Anregungen zur Unterrichtsgestaltung

Übung 1
🎞 a) Bildbeschreibung (mit Zeitangabe) durch KT.
b) Was sagt Frau Herbst? (aufgrund der Informationen in den Bildern beantwortbar)

Übung 2
🎞 1. Beantwortung der Frage: KT ordnen den verschiedenen Pictogrammen die entsprechenden Tätigkeiten zu.
🗣 2. Fragen zur Diskussion:
„Was machen *Sie* am liebsten in Ihrer Freizeit?"

19 ⊵◼ Was machen Sie gern?

→ AB, S. 51
Ausland
Text
Freizeitspiel: Können Sie faulenzen?

Übung 3
Erläuterung der Uhrzeitenangaben bei Viertelstunden und Minuten im KB, S. 133; dann Durchspielen dieser Übung.

⏏◣ 18

Uhrzeiten

→ AB, S. 48
Ü 17
→ AB, S. 45
Ü 9

Mutter muß arbeiten

→ AB, S. 52
Ausland
Text

| **Hörverstehen:** | ein Verabredungsgespräch am Telefon verstehen | **B2** |
| **Situation:** | Telefonat zwischen zwei Freunden | |

4

Schriftliche Wiedergabe des Telefonats auf Cassette

Und was macht Birgit heute abend?

○ Grüß dich, Birgit, wie geht's?
□ Na ja, ganz gut. Und dir?
○ Ja, danke gut.
Du Birgit, was machst du heute abend?
□ Ich gehe ins Kino mit Silvia.
Es gibt: „Die Blechtrommel".
○ Schade, und wie ist es morgen abend?
Ich möchte gern essen gehen.
□ Nein, da geht es leider auch nicht. Da muß ich bis zwanzig Uhr arbeiten.
○ Und Mittwoch? Hast du da Zeit?
□ Nein, du weißt doch: Mittwoch kommt Claudia aus Bremen. Da kann ich nicht.
○ Und am Donnerstag hast du doch Italienischkurs. Stimmt's?
□ Ja, richtig.
○ Und Freitag abend?
□ Du, es tut mir wahnsinnig leid: da gehe ich schwimmen.
○ Ach Mensch, wann hast du denn 'mal frei?
□ Sonntag in zwei Wochen, da paßt es gut.
○ Sonntag in zwei Wochen? Du Birgit, da habe ich dann keinen Hunger mehr.

Anregungen zur Unterrichtsgestaltung

1. Die KT sehen sich die Fotos von Birgit und ihrem Gesprächspartner im KB, S. 63 an und hören das Telefonat.
2. Die KT lesen Aufgabe 2; sie lesen dann Birgits Terminkalender.
3. Sie hören dann noch einmal das Gespräch und vergleichen Birgits Aussagen mit dem Kalender. Sie bearbeiten Aufgabe 2.

4. Anschließend Auswertung im Klassenforum.
5. Evtl. noch einmal Vorspielen der Stellen, bei denen die KT Fehler gemacht
haben.

B3

Sprechintentionen:	etwas vergleichen, etwas beschreiben, etwas begründen
Textsorte:	Statistiken, Zeitungsbericht, Plakat, Schaubild über Arbeitsmarktlage in der Bundesrepublik
Leseverstehen:	aus den obengenannten Texten Informationen entnehmen

Allgemeine Information

Diese Text-/Bildcollage hat landeskundliche Funktion. Darüber hinaus bietet
sie Sprechanlässe für den Vergleich mit der Situation im eigenen Land. Sie
liefert zunächst einmal Informationen zu dem veränderten Verhältnis der
Deutschen zu ihrer Arbeit: Die positive Einstellung zur Arbeitszeitverkürzung
wächst.

Die Umfrage des Instituts Allensbach wurde 1982 im größeren Zusammenhang einer Umfrage in verschiedenen europäischen Ländern zu der Frage
„Nationalbewußtsein" veröffentlicht. [1] Diese Umfrage zeigte deutlich das nach
den Erfahrungen im 3. Reich und dem 2. Weltkrieg noch immer stark lädierte
Nationalbewußtsein der Deutschen gegenüber anderen Ländern. In direkter
Korrelation dazu steht die Tatsache, daß die Deutschen ihre Arbeit und ihre
beruflichen Leistungen relativ gering einschätzen. Die Deutschen tun sich
besonders schwer in einer positiven Identifikation mit ihrem Land, ihrer Na-
tion, aber auch ihrem Beruf und ihrer Einstellung zur Arbeit.

Der Textausschnitt aus einem größeren Artikel in der bundesdeutschen Rund-
funk- und Fernsehzeitschrift „Hör zu" nimmt zu der weitverbreiteten Meinung
Stellung, die Deutschen seien besonders arbeitswütig. Das Schaubild „Die
Herausforderung auf dem Arbeitsmarkt" zeigt, daß auch in der Bundesrepublik in den nächsten Jahren noch mit starker Arbeitslosigkeit gerechnet werden
muß. Das Plakat zur Verkürzung der Arbeitszeit wird durch die Graphik auf
der nächsten Seite erläutert:

Anregungen zur Unterrichtsgestaltung

Die Aufgabe auf dieser Doppelseite im KB wird am besten in zwei Arbeitsgrup-
pen erarbeitet. Die KT besprechen dabei neue Wörter und Wendungen und
schlagen sie – wenn sie selbst keine Lösung finden – im Glossar nach. Anschließend werden die Ergebnisse der Gruppen im Kurs vorgetragen und dort
besprochen.

---

[1] FAZ 6. 8. 82

Abschied von der 40-Stunden-Woche

Von je 100 Arbeitnehmern hatten eine tarifliche Wochenarbeitszeit von

mehr als 40 Stunden	40 Stunden	weniger als 40 Stunden
1973 31	69	
1980 6	94	
1986	59	41

© Globus 6560

Um den Vortrag der Arbeitsergebnisse jeder Arbeitsgruppe besser vorzubereiten, teilt der KL an jede Arbeitsgruppe einen Bogen mit Fragen aus, die die KT beantworten sollen.

Gruppe 1
1. Erklären Sie die Statistik vom Institut für Arbeitsmarkt und Berufsforschung: Was sagt sie?
2. Warum möchten die Deutschen wohl nicht soviel arbeiten?
3. Was sagt die Bildgeschichte bei der Statistik?
4. Wie viele Stunden in der Woche arbeiten *Sie*?
5. Und wie viele Stunden in der Woche möchten Sie arbeiten?
6. Lesen Sie die Statistik vom Institut Allensbach.
   a) Vergleichen Sie die Meinung der Deutschen mit der in USA, England, . . . und der in Ihrem Land.
   b) Wie beantworten *Sie* die Frage?

Weitere Diskussionsfragen für die Gruppe 1, die wohl nur in der Muttersprache erörtert werden können:
7. Was sind mögliche Ursachen für den Wunsch deutscher Arbeitnehmer, weniger zu arbeiten?
8. Was sind wohl Gründe für die geringe Einschätzung ihrer eigenen Arbeit?
9. Was spricht für, was gegen Arbeitszeitverkürzung?
10. Welche Möglichkeiten der Arbeitszeitverkürzung gibt es? (Kürzung der Wochenarbeitszeit, mehr Urlaub, job-sharing usw.)

Gruppe 2
1. Lesen Sie den Text: „Sind die Deutschen faul?"
2. Schreiben Sie die Antworten in das Schema rechts im Kursbuch.
3. Erklären Sie den anderen in Ihrem Kurs: Was sagt der Text?
4. Was meinen *Sie*? Sind die Deutschen faul? Warum (nicht)?
5. Was sagt das Schaubild „Die Herausforderung auf dem Arbeitsmarkt"? Wie ist die Situation in der Bundesrepublik?
6. Wie ist die Situation in Ihrem Land?

Weitere Diskussionsfragen für die Gruppe 2 (in der Muttersprache):
a) Was sagt das Bild unter dem Text „Sind die Deutschen faul?"
b) Sehen Sie einen Zusammenhang zwischen diesem Bild und dem Text?
c) Sehen Sie einen Zusammenhang zwischen dem Bild und dem Schaubild über den Arbeitsmarkt in der Bundesrepublik Deutschland?
d) Was halten Sie von der 35-Stunden-Woche?
e) Was kann man Ihrer Meinung nach gegen die Arbeitslosigkeit tun? (Vorschläge: Arbeitszeitverkürzung, Verkürzung der Lebensarbeitszeit (Pensionierung ab 58 oder 60 Jahre), job-sharing, Investitionen in neue wirtschaftliche Projekte (z. B. Kabelfernsehen, umweltfreundliche Produktion, ökologische Maßnahmen), Sparmaßnahmen im sozialen Bereich, Sparmaßnahmen bei der Aufrüstung usw.).

→ AB, S. 53 *Ein Arbeitsplatz für zwei*
Ausland   Der Text bietet einen guten Diskussionsanlaß im Kurs.
Text

C **Deutsch phantastisch**

Feierabend

Anregungen zur Unterrichtsgestaltung

1. Erklären der Überschrift.
2. KT sehen sich das Bild an und hören dabei das Gespräch zweimal.
3. Wenn nötig, Erklären der unbekannten Wörter „Idee", „vorschlagen", „Lust haben", „Kabarett", „offen gesagt", „bleiben", „immer", „wenigstens". Verständnisfragen zum Globalverständnis stellen. Dann phonetische Übung: Vorspielen und Nachsprechen der Repliken.
4. Zwei KT lesen den Dialog noch einmal mit verteilten Rollen vor; sie machen dabei besonders die Langeweile deutlich.
5. Verschiedene Rollenspiele, in denen Langeweile und Entschlußlosigkeit gemimt werden: ein Ehepaar, eine Gruppe von angeödeten Jugendlichen, eine Familie plant das Wochenende, eine Familie plant Ferien.

6. Diskussion (in der Muttersprache):
a) Welche Möglichkeiten zur Gestaltung des Feierabends werden genannt?
Welche nicht?
b) Welche Rolle spielt das Fernsehen, Konzert, Theater bei Ihnen, in Ihrem Land?
c) Was machen bei Ihnen die Leute am Feierabend?

Wir Macher

Anregungen zur Unterrichtsgestaltung

1. Zweimal Vorspielen des Textes; KT lesen Text mit.
2. KT setzen andere Ergänzungen zu „machen" ein, z. B. „er macht Yoga, wir alle machen Fehler" usw.
3. KT setzen statt „machen" die Modalverben „müssen", „können", „mögen" mit passenden Verben ein, z. B.: „ich möchte tanzen, du möchtest fernsehen, er möchte . . ."

Lektion 6

Thema: Reisen

Allgemeine Information

Die KT lernen, aus Reiseprospekten Informationen zu entnehmen, sich über das Angebot von Unterkünften zu informieren und eine passende Unterkunft zu bestellen. Außerdem werden ihnen Verkehrsverbindungen in der Bundesrepublik Deutschland vorgestellt. Sie erwerben die Redemittel für das Auskunfteinholen.

A Einstieg in das Thema der Lektion

Anregungen zur Unterrichtsgestaltung

1. KT assoziieren Worte zum Begriff „Deutschland" (evtl. muttersprachlich).
2. KT sehen sich die Collage im KB an und nennen die Dinge, die sie erkennen. Zum Beispiel:

22 a) „Da ist der Rhein. Er ist schön. Ich kenne den Rhein schon." „Ich habe einen VW. Ich möchte aber lieber einen Mercedes." usw.

b) Ein Gespräch in der Muttersprache kann durch folgende Fragen angeregt werden:

„Was fällt Ihnen ein zu deutschen Landschaften (z. B. Rhein), zu Märchen (Aschenputtel, Bremer Stadtmusikanten, Schneewittchen, Der Wolf und die sieben Geißlein, Rumpelstilzchen), zu Kunst/Kultur (Neuschwanstein, Wilhelm Tells Apfel), zu Essen und Trinken in Deutschland (Bierkrug, Wein, Zapfhahn), zu Technik (VW, Mercedes, BMW)?

B1

Leseverstehen:	Beschreibung deutscher Landschaften verstehen
Textsorte:	Reiseprospekt
Strukturen:	Präpositionen *an, in, auf* mit Akkusativ
Wortschatz:	Frühling, Sommer, Herbst, Winter

Allgemeine Information

Der Text liefert Informationen zu bundesdeutschen Landschaften und Sehenswürdigkeiten. Auf der sprachlichen Ebene hat er die Funktion, Präpositionen mit Akkusativ zu präsentieren.

Landeskundliche Information

Der KL kann noch weiterführende Informationen zu den abgebildeten Gebieten geben:

zu 1: Das Ruhrgebiet, auch Kohlenpott genannt, ist das größte Industriezentrum in der Bundesrepublik. Die Stahl-, Kohlen- sowie Autoindustrie und der Maschinenbau haben sich hier angesiedelt.
Auch viele Deutsche wissen nicht, daß sich in diesem Bereich außerdem noch Landwirtschaft und Erholungsgebiete befinden.

zu 2: Schloß Neuschwanstein wurde gegen Ende des letzten Jahrhunderts (1869–86) im Auftrag von König Ludwig II. von Bayern erbaut.

zu 3: Der Schwarzwald ist ein beliebtes Ferien- und Erholungsgebiet. Das gesunde Klima, die diversen Freizeitmöglichkeiten (Wandern, Skilaufen) und reizvoll gelegene Städtchen und Kurorte ziehen viele Menschen an.

zu 4: Die Bremer Stadtmusikanten sind Tiergestalten (Katze, Hund, Esel und Hahn) aus einem Märchen der Gebrüder Grimm. Sie sind ein Wahrzeichen Bremens.

zu 6: Der Kölner Dom ist die größte gotische Kirche in Deutschland. Sie wurde 1248 begonnen, 1322 war der Chor beendet. Erst in der Romantik wurde der Weiterbau beschlossen, so daß der Dom erst 1880 eingeweiht werden konnte.

Anregungen zur Unterrichtsgestaltung

1. KT sehen sich Texte und Bilder an und ordnen sie einander zu. Wichtig: KL fordert die KT auf anzugeben, auf Grund welcher Bild- und Textinformationen sie die Lösung gefunden haben. KT unterstreichen die entsprechenden Wörter bzw. Ausdrücke.
2. Auswertung im Kursforum.
3. KL bringt eine Deutschlandkarte mit und läßt die Sehenswürdigkeiten bzw. Landschaften auf der Karte lokalisieren. 23
4. In der Muttersprache weiterführendes Gespräch: 1. Was kennen Sie? 2. Wo waren Sie schon?

Zur Grammatik

Aus den Texten werden alle Sätze mit Direktivergänzung ermittelt. Direktivergänzungen stehen bei Bewegungsverben („kommen", „gehen", „fahren", „fliegen" . . .), deshalb müssen sie jeweils im Zusammenhang mit diesen Verben gelernt werden. Die hier vorgestellten Richtungspräpositionen stehen mit dem Akkusativ (außer „von" und „nach", die hier ohne Artikel gebraucht werden).
Der Unterschied zwischen Direktiv- und Situativergänzung, der in Lektion 8 noch einmal ausführlich anhand der Wechselpräpositionen behandelt wird, wird hier im Ansatz durch Rückgriff auf Lektion 2 klargemacht. Situativergänzungen stehen bei Verben wie „wohnen", „arbeiten", „leben", „studieren" und „liegen", die eine Aussage darüber verlangen, wo jemand studiert, wohnt, arbeitet, lebt bzw. wo eine Stadt, ein Dorf liegt. Da in vielen Ausgangssprachen

zwischen der Frage „wo?" und der Frage „wohin?" vom Wort her kein Unterschied besteht, ist es wichtig, diesen Unterschied anhand von Beispielen und Gesten klarzumachen.

Größere Schwierigkeiten als die Unterscheidung von Direktiv- und Situativergänzung bereitet die Frage, welche Präpositionen bei welchen Bezugswörtern stehen. Nachdem die Bedeutungsfunktionen der Präpositionen anhand S. 133, Nr. 2 im KB und evtl. weiterer Beispiele mit Gegenständen aus dem Unterrichtsraum geklärt sind, werden die Direktivergänzungen nach Gruppen zusammengestellt, z. B.:

in	die Alpen	an die Ostsee	auf den Berg	nach Köln
ins	Ruhrgebiet	an den Rhein	auf den Dom	nach Holland
in	den Schwarzwald	an . . .	auf das Schloß	nach . . .
in	. . .	an . . .	auf . . .	nach . . .

Anhand des Merkzettels werden weitere Beispiele gebildet, auch mit geographischen Begriffen aus den Muttersprachen der Lerner: „an die Cote d'Azur, auf den Popocatepetl, . . .".

11   Spontanübung: „Wohin möchten Sie im Urlaub fahren?" KT: „Ich möchte auf den Popocatepetl fahren." . . .

Übung 1
1. KT sehen sich die Urlauber an und ordnen das jeweilige Reiseziel zu.
2. KT lesen ihre Lösungen vor.
3. KT analysieren anhand der Distraktoren, wann welche Präposition eingesetzt wird. Dazu evtl. auch Texte auf S. 68 im KB zu Hilfe nehmen.
4. KT vergleichen ihre Analyse oder formulierte Regel mit dem Grammatikzettel.

Übung 2
1. KT ergänzen die Postkarte.
2. Eventuell schreiben die KT nach dieser Vorlage eine eigene Karte, bezogen auf ihren letzten Urlaub, Ausflug usw.

→ AB,   Als Hausaufgabe oder im Rahmen einer Stillarbeitsphase. Gemeinsame Analy-
S. 56, 57   se der Fehler.
Ü 7, 8

B2

1

Leseverstehen:	dem Prospekt Angaben zu Lage, Preis, Ausstattung entnehmen
Textsorte:	Auszug aus Prospekt über die Stadt Linz (Österreich)
Strukturen:	Komparativ und Superlativ
Wortschatz:	Adjektive zur Beschreibung und Bewertung von Reiseunterkünften

Landeskundliche Information

Österreich gehört neben der Schweiz zu den traditionellen Urlaubsländern. Viele Orte leben ausschließlich vom Fremdenverkehr. Linz ist die Landeshauptstadt von Oberösterreich mit ca. 210 000 Einwohnern.

Anregungen zur Unterrichtsgestaltung

1. KT lesen die Texte in Hinsicht auf die wesentlichen Informationen. Dazu kann ein Raster angefertigt werden:

	Schloßhotel	Forellenhof	Pension Oase	. . .
Zimmer mit Bad oder Dusche	X	X	X	
Restaurant	X			
zentrale Lage/ im Zentrum	X	X		
. . .				

KT versprachlichen dann: „Das Schloßhotel hat Zimmer mit Bad oder Dusche." „Es hat drei Restaurants." „Das Schloßhotel liegt im Zentrum." „Es hat 200 Zimmer." „Die Zimmer sind klimatisiert."

2. Gesondert sollten Kurzangaben (siehe Pension Hubertushof) nochmals umformuliert werden, um die fehlenden Verben bewußt zu machen. Statt „in der schönsten und ruhigsten Lage von Linz" formulieren die KT: „Die Pension liegt schön und ruhig." Ebenso: „Alle Zimmer haben Bad oder Dusche. Es ist ein großer Garten da. Auch einen Parkplatz gibt es. Die Pension liegt 5 Minuten vom Zentrum entfernt."

Zur Erarbeitung des Komparativs und Superlativs

Jeder KT trägt seine Assoziationen für sich ein; anschließend Vergleich.

→ AB, S. 54 Ü 1

Übung: „Welchen Gasthof, welches Hotel, welche Pension möchten Sie nehmen?"

Zur Grammatik

Die hier vorgestellten Steigerungsformen können in ihrer syntaktischen Funktion als Qualitativergänzungen aufgefaßt werden. Sie werden nicht flektiert (vgl. Lektion 3). Hinweis: In dem Satz „Das Hotel C finde ich am ruhigsten." stecken zwei obligatorische Ergänzungen („das Hotel C" und „am ruhigsten").

Die Steigerungsformen können in drei Lerngruppen aufgeteilt werden:
a) Regelmäßige Formen: Sie erhalten einfach die betreffende Komparativ- und Superlativendung (Sonderform: Komparativ „teurer");

b) Formen mit Vokalwechsel (spätestens jetzt dürfte den KT klar sein, daß der Vokalwechsel im Deutschen wichtige Funktionen bei der Deklination und Konjugation hat, daß also nicht nur die Endungen der Wörter grammatische Funktion haben);

c) Unregelmäßige Formen: Bei ihnen sind Komparativ und Superlativ von einem anderen Wortstamm gebildet als der Positiv.

Im Gegensatz zu manchen Sprachen wird im Deutschen meistens nur die positive Steigerung verwendet. Statt der negativen Steigerung eines Adjektis: „Das Hotel ist weniger laut" wird ein Adjektiv mit entgegengesetzter Bedeutung verwendet: „Das Hotel ist ruhiger".

1. KT lesen sich die Aussagen auf S. 70 durch und vergleichen (wie in den Beispielen) von ihnen favorisierte Unterkünfte. Der KL kann zur Unterstützung einige Adjektive an die Tafel/Folie schreiben, z. B.: „ruhig – laut", „klein – groß", „billig – teuer", ...

→ AB, S. 55
Ü 5

2. Zur Festigung ergänzen: „Ihre Grammatik".

→ AB,
S. 54, 55
Ü 2, 3, 4

3. Geeignet als Hausaufgabe.

B2

2

Sprechintentionen:	Eigenschaften von Unterkunftsmöglichkeiten erfragen und Auskunft geben; sich nach der Ausstattung, Lage und Preis eines Zimmers erkundigen
Situation:	im Fremdenverkehrsamt
Strukturen:	Komparativ als Qualitativergänzung
Wortschatz:	Adjektive, Angaben zu Unterkunftsmöglichkeiten

Anregungen zur Unterrichtsgestaltung

1. KT sehen sich das Bild S. 71 im KB an und stellen Vermutungen über die dargestellte Situation an: „Was sagen die drei Personen?", „Was möchte der Mann und die Frau?"

2. KT hören den Dialog zweimal und beantworten dann: „Was sagen die Personen?", „Nehmen die zwei das Zimmer?"

Zur Grammatik

Darstellung eines Verbs mit Vokalwechsel: „empfehlen".

Zusätzlicher Hinweis zur Steigerung: Die Aussage: „Das ist zu teuer" kann inhaltlich ebenfalls als eine Form der Steigerung eines Adjektivs verstanden werden. Um die graduellen Unterschiede der Zusätze beim Adjektiv deutlich zu machen, kann der KL mit den KT zusammen eine Skala erstellen:

Hotel X ist	nicht		teuer
	nicht	sehr	teuer
	nicht	zu	teuer
			teuer
			teurer als Hotel Y
		sehr	teuer
		am	teuersten
		zu	teuer

3. KT hören den Dialog zum dritten Mal. Dann phonetische Übung: Vorspielen und Nachsprechen der Repliken.
4. KT lesen den Dialog mehrmals mit verteilten Rollen.
5. KT erarbeiten und spielen mit Hilfe der Anzeigen im KB, S. 70 ähnliche Dialoge. Sowohl das Handlungsgeländer wie auch Rollenkarten (vgl. L. 2 S. 81) können hier mit verwendet werden.

→ AB,
S. 57, 58
Ü 10, 11

Kann in Partnerarbeit im Unterricht erarbeitet werden.

→ AB, S. 41
Ü 6

Sprechintentionen:	sich beraten lassen; jemanden beraten; etwas erfragen
Situationen:	Touristeninformation; Kaffeeklatsch
Strukturen:	Komparation; *welcher, welche, welches;* Präposition *in* mit Akkusativ

B2

③

Anregungen zur Unterrichtsgestaltung

Übung 1
Zur Einführung der Frage: „Welchen Gasthof können Sie empfehlen?", anschließend Übung 1 im KB.

24

Zur Grammatik
Festigung der regelmäßig gesteigerten Adjektive.
Die Formen des Fragewortes „welcher" werden in Analogie zum bestimmten Artikel dargestellt, weil es sich in Form und syntaktischer Funktion wie ein Artikel verhält. Es gehört daher zur Gruppe der „Artikelwörter".

KL spielt den Dialog – anhand des KB – mit einem KT durch. Anschließend übernehmen die KT unter sich die Rollen.

Übung 2

Zur Grammatik

Festigung der unregelmäßig gesteigerten Adjektive und Steigerungsformen mit Vokalwechsel.

11   Wie bei Übung 1: KL gibt ein Beispiel mit einem KT vor; dann innerhalb des Kurses weiter durchspielen.

Ein Transfer auf Feriengebiete, Ausflugsziele im eigenen Land bietet sich an.

→ AB, S. 57   Als Hausaufgabe oder Einzelarbeit.
Ü 8, 9

B3

1

Leseverstehen:	Entfernungen (für Flugzeug, Bahn, Auto) entnehmen
Textsorte:	Landkarte mit Verkehrsnetz
Wortschatz:	Präpositionen *von ... nach*, Verkehrsmittel

Anregungen zur Unterrichtsgestaltung

→ AB, S. 58   1. Dieses Assoziogramm erstellen die KT gemeinsam an der Tafel/Folie.
Ü 13

Landeskundliche Information

Die Lage Berlins Berlin(West) und Berlin(Ost) sollte hier mitbesprochen werden. Berlin(West) ist auf ständig offene Verkehrswege angewiesen, sonst könnte es nicht existieren.

2. *Landkarte* (KB S. 73)

KT beantworten die Fragen 1 und 2. Auswertung im Plenum.

Alternative zu 2

KT sehen sich die Karte im Buch an und stellen fest: Von München kann man mit dem Auto, der Bahn und dem Flugzeug nach Frankfurt fahren. Nach Berlin fährt ein Zug. Von Stuttgart . . .

25

3. KT vergleichen das Verkehrsnetz mit dem ihres eigenen Landes in Hinsicht auf a) Entfernungen b) Verkehrsmöglichkeiten.

B3

2

Leseverstehen:	Verkehrsmöglichkeiten (Abfahrts- und Ankunftszeit, Tage, Bahn oder Flugzeug) entnehmen, Preisvergleich
Textsorte:	Fahrpläne für Bahn und Flugzeug
Strukturen:	Komparation

Landeskundliche Information

Verschiedene Kategorien (D, IC, Eilzug) bieten dem Reisenden Möglichkeiten, mehr oder weniger schnell und komfortabel an sein Ziel zu gelangen.

IC (= Intercity-Züge) halten nur in Großstädten, Eilzüge auch in kleineren Orten, der D-Zug in mittelgroßen Städten und Großstädten.
Das Symbol „Messer und Gabel" auf dem Fahrplan bedeutet Speisewagen. Das „Bett" steht für Schlafwagen.
Die Abfahrtszeiten werden meist pünktlich eingehalten.

Anregungen zur Unterrichtsgestaltung

1. KT identifizieren die Fahrpläne: welcher ist für die Bahn, welcher für das Flugzeug?
2. Der KL gibt Erläuterungen zu den Fahrplänen (s. landeskundliche Information).
3. KT erarbeiten die Fragen 1–3.
Hier muß der KL auf die drei Fahrpläne a) Stuttgart–Regensburg b) Stuttgart–Hamburg und Hamburg–Kiel hinweisen, da sonst Nr. 1 nicht lösbar ist. Anschließend Auswertung im Kurs. Von Stuttgart nach Kiel kann man nicht fliegen. Man kann nur bis Hamburg fliegen und muß dann den Zug nach Kiel nehmen.
4. Zu Frage 4 sollten die Relationen Geld – Zeit – Bequemlichkeit berücksichtigt werden.

Alternative:
„Das Auto – die Bahn – der Flug"; Vor- und Nachteile

26, 27

| **Hörverstehen:** | einem Gespräch über Verkehrsverbindungen Informationen entnehmen | **B3** |
| **Situation:** | am Stammtisch | ③ |

Schriftliche Wiedergabe des Gesprächs auf Cassette

Am Stammtisch

O Mensch, ich muß morgen nach Münster.
  Ich hab' gar keine Lust.
  Mehr als 700 km Autobahn!
□ Warum nimmst du denn das Auto?
  Fliegen ist doch viel schneller und bequemer.
△ Aber auch am teuersten. Mensch, das kann man doch nicht bezahlen.
  Das kostet doch bestimmt mehr als 300 Mark.
O Von München nach Münster fliegen?
  Das geht doch gar nicht.
  Münster hat doch gar keinen Flughafen.
□ Doch, doch.
  Der ist zwar sehr klein,
  aber Münster *hat* einen Flughafen.

Δ . . . Also hör doch mal.
Der Flug ist nicht nur viel zu teuer,
der ist auch viel zu kompliziert:
Von hier zum Flughafen brauchst du schon mal eine Stunde.
In Frankfurt mußt du umsteigen.
In Münster mußt du vom Flughafen ins Zentrum fahren.
Das sind ungefähr 25 km.
O Jaa . . .
☐ Dann nimm doch die Bahn.
O Ach nein, das ist zu langsam; man fährt ungefähr 8 Stunden.
Δ Aber die Autofahrt ist nicht schneller,
da brauchst du auch ungefähr 8 Stunden . . .
Und es ist viel anstrengender.
Und die Bahn . . .
O Ach Mensch, die Bahn . . .
☐ Die Bahn ist halt einfach bequemer.
O Ihr könnt sagen, was ihr wollt . . .
Ich nehm' doch das Auto.
Das ist immer noch am billigsten.
Δ Also, das stimmt ja nicht . . .

Anregungen zur Unterrichtsgestaltung

1. KT lesen die Fragen im KB, S. 74.
2. KT hören das Gespräch zweimal.
3. KT beantworten die Fragen.
4. Vergleich der Antworten (KL hält zu jeder Frage an der entsprechenden Stelle die Cassette an).
5. KT beziehen Stellung zu den Aussagen im Gespräch (Beantwortung von Frage 4).

Lösung:
1a) München; Er muß nach Münster fahren.
1b) Ja.
1c) Fliegen ist schneller und bequemer. Der Flug ist zu kompliziert. Die Autofahrt ist nicht schneller. Die Autofahrt ist viel anstrengender. Die Bahn ist zu langsam. Die Bahn ist bequemer. Das Auto ist am billigsten.
1d) Herr A nimmt das Auto. Er sagt, es ist am billigsten.

→ AB, S. 59   Wortbildung: die Ergebnisse werden ausgetauscht und besprochen.
Ü 13, 14

→ AB,   Diese Übungen bieten sich einzeln oder im Ganzen als Festigungsübung an.
S. 59, 60
Ü 14, 15, 16

Sprechintentionen:	sich nach Verkehrsverbindungen erkundigen und Auskunft geben	**B3**
Situation:	Verkehrsinformation	
Strukturen:	*welcher, welche;* Superlativ	4

Anregungen zur Unterrichtsgestaltung

Zur Grammatik

An der Übung B3/4 wird noch einmal die Funktion des Fragewortes „welcher" als Artikelwort geübt. In den Antworten werden in diesem Fall Definitpronomen verwendet, die die Wiederholung des Nomens überflüssig machen. Auch das Artikelwort „welcher" kann als Pronomen verwendet werden. Statt „Welche Maschine ist am günstigsten?" kann man auch sagen: „Welche ist am günstigsten?". Antwort: „Die um 8 Uhr 13".

1. KT lesen den Minidialog mit verteilten Rollen.
2. KT spielen verschiedene Varianten mit Hilfe des Zeitrasters durch.

Ergänzen der Endungen von „welcher" und des definiten Artikels.

„Dialog im Reisebüro" – gemeinsame Auswertung. → AB, S. 61
Ü 21

Sprechintention:	sich nach der Gleisnummer erkundigen	**B3**
Strukturen:	*welches*	
Hörverstehen:	eine Durchsage auf dem Bahnhof verstehen	5
Situation:	auf dem Bahnsteig	

Schriftliche Wiedergabe der Durchsage auf Cassette

Auf dem Bahnhof

Achtung! Eine Durchsage für die Reisenden auf Gleis 8. Der D-Zug D-242 nach Paris über Gütersloh, Hamm, Dortmund, Essen, Düsseldorf, Köln, Aachen, Lüttich, planmäßige Ankunft 15.34 Uhr, hat etwa 40 Minuten Verspätung. Passagiere in Richtung Dortmund können den D-Zug D-365 nehmen, Abfahrt in 3 Minuten auf Gleis 4. Ich wiederhole: Der D-Zug 242 in Richtung Paris hat etwa 40 Minuten Verspätung. In Richtung Dortmund können Passagiere den D-365 auf Gleis 4 nehmen.

Anregungen zur Unterrichtsgestaltung

Dialog
1. KT lesen den Dialog im KB S. 75; sie spielen verschiedene Varianten durch.

Ansage
2. KT lesen sich die Angaben e–f durch.
3. KT hören die Ansage.
4. KT hören die Ansage zum zweiten Mal und vermerken (r) und (f) hinter den Aussagen (oder im Heft).
5. Kontrolle im Plenum.

Lösung: a = f; b = r; c = f; d = r; e = f; f = f

→ AB, S. 60   Sowohl zur Wiederholung als auch zur Festigung geeignet.
Ü 18, 19, 20

Alternative
„Zurück nach Unterschleimbach" (S. 78 im KB) kann hier angeschlossen werden (vgl. S. 142).

→ AB, S. 64   *Vorzugskarte*
Inland
Text

B3

⑥

| **Leseverstehen:** | der Beschreibung des Ferienzentrums die zentralen Informationen entnehmen (Freizeitmöglichkeiten, Versorgung, Einkaufsmöglichkeiten usw.) |
| **Textsorte:** | Reiseprospekt: Angebote des Ferienzentrums Damp 2000 an der Ostsee |

Landeskundliche Information

Da für viele Familien die Hotel- bzw. Pensionsunterkünfte in den letzten Jahren recht teuer geworden sind, hat es sich immer mehr eingebürgert, ein Appartement zu mieten. Es hat den Vorteil, daß man sich selbst versorgen kann und unabhängig vom geregelten Hotelablauf ist. Exemplarisch wird hier die Anlage „Damp 2000" vorgestellt.
Die Preise sind abhängig von bestimmten Saisonzeiten: Etwa parallel zu den Schulferien liegt die Hochsaison, hier mit den Buchstaben D + C bezeichnet, A und B beziehen sich auf die Wochen vor und nach den Sommerferien. Besondere Angebote sollen dem Urlauber die weniger besuchten Vor- und Nachsaisonzeiten (also März bis Juni und August bis Oktober) schmackhaft machen.
Mit diesem Text soll den Lernern zum einen ein Einblick in ein Ferienzentrum mit seinen Wohn- und Freizeitmöglichkeiten gegeben werden, aber auch ein Überblick über das Verhältnis von Urlaubszeit und Preisen.
Eine Hilfe zur Texterschließung sind das Bildmaterial sowie die Preis- und Angebotstafeln.

Anregungen zur Unterrichtsgestaltung

1. KT lesen sich den Text durch.

Der KL fragt: „Was wissen Sie jetzt über Damp 2000?" KT äußern mündlich, was sie verstanden haben.

2. KT überlesen den Text nochmals und überprüfen ihre Aussagen.

3. Für eine detaillierte Bearbeitung gibt der KL folgende Aufgabenbeschreibung:

Sie möchten Ferien in Damp 2000 machen:
a) Sie sind eine Familie (2, 4 oder 5 Personen).
b) Ihre Ferien sind in der Zeit von (1) 27. 3.–3. 4., (2) 31. 7.–14. 8., (3) 1. 8.–9. 10.
c) Sie möchten nicht mehr als (1) 700,– DM/Woche, (2) 350,– DM/Woche, (3) 500,– DM/Woche für die Miete bezahlen. Was nehmen Sie?
d) Wie hoch sind Ihre Nebenkosten?
e) Was können Sie dort machen?
f) Möchten Sie in Damp 2000 Ferien machen?

→ AB S. 60
Ü 17

4. KL: „Wohin fährt ‚man' in Ihrem Land im Urlaub?" „Wo kann ‚man' wohnen?" „Wie teuer ist das?" „Wer kann in Urlaub fahren?"

Reisekiste

→ AB, S. 64
Ausland
Text

Trampertips

→ AB, S. 63
Inland
Text

Deutsch phantastisch

C

Traumurlaub

Allgemeine Information

Dieser kleine Dialog ist eine Satire auf die Absurdität eines „typischen" Touristenurlaubs, der als „phantastisch" angesehen wird, in Wirklichkeit aber nicht als solcher erlebt wird.

Anregungen zur Unterrichtsgestaltung

1. KT sehen sich das Bild an: „Was sagen die Leute wohl?"
2. Vorspielen des Dialogs.
3. Nochmaliges Vorspielen; KT lesen den Text mit.
4. Klären von unbekannten Wörtern, z. B. „Hitze", „Einsamkeit", „herrlich", „Traumurlaub", „morgen früh".
5. KT lesen oder spielen den Text und achten dabei besonders auf die Intonation und eine übertreibende Darstellung, Gestik und Mimik.

→ AB, S. 63
Ausland
Text
→ AB, S. 62
Ü 21

Touristen-Typologie

Zurück nach Unterschleimbach

Anregungen zur Unterrichtsgestaltung

1. KL erläutert die Begriffe: „Rückfahrkarte", „hin und zurück", „einfach", „deshalb".
2. KT hören und lesen den Dialog.
3. KT lesen den Text mehrmals mit verteilten Rollen, um ihn dann zu spielen. Die KT können hier verschiedene Charaktere darstellen: ein gereizter, aggressiver Beamter – ein geduldiger Beamter – ein müder, träger Beamter – ein unaufmerksamer, träger Fahrgast – ein Fahrgast, der in Eile ist, usw.

Lektion 7

Thema: Einkauf und Geschäfte

Allgemeine Information

Da heutzutage die normale Einkaufshandlung als solche sprachlich recht unproblematisch ist – im Supermarkt bekommt man z. B. alles ohne mündliche Kommunikation –, sind in dieser Lektion die Beratungsgespräche zentraler Lerngegenstand der Lektion: Was kaufe, schenke ich wem am besten? Ebenso sind Verkaufsberatungsgespräche (z. B. auf einer Messe, in einer Elektroabteilung usw.) mit einbezogen worden.

Einstieg in das Thema der Lektion   A

Anregungen zur Unterrichtsgestaltung

1. Die KT schauen sich die Collage im KB an.
a) „Wann schenken Sie etwas?" (Zum Geburtstag, zum Jubiläum, zur Hochzeit, zu Weihnachten, . . .)
b) „Was schenken Sie?"

28

2. Den Anlässen ordnen die KT Gegenstände zu, z. B.: Eine Flasche Wein zum Geburtstag. Eine Reise zum Jubiläum. Skier zu Weihnachten.

Landeskundliche Informationen

Es ist in Deutschland üblich, bei einer Einladung (z. B. zum Abendessen), dem Gastgeber eine Kleinigkeit mitzubringen (Zigarren, Blumen, Konfekt, Wein, oder etwas Persönlicheres: Briefmarken, ein Buch usw., wenn man Vorlieben oder Hobbys des Gastgebers kennt).

Sprechintentionen: Hobbys und Vorlieben nennen und dazugehörige
Wünsche äußern; über Geschenke beraten
Strukturen: Dativ des Personalpronomens; Verben mit Akkusativ-
und Dativergänzung; Akkusativ des Indefinitprono-
mens

Anregungen zur Unterrichtsgestaltung

Übung 1

13 📖   1. Anhand der vorgegebenen Tätigkeiten und Bereiche ergänzen die KT die
Geschenkartikel.

→ AB, S. 65   2. KL gibt einen Satz (wie im KB, Ü1) vor, KT versprachlichen dieses AB-
Ü 1   Raster.

Übung 2

Zur Grammatik

Für viele Lerner stellt die Dativergänzung im Deutschen eine Schwierigkeit
dar. Ein Verb, das im Deutschen eine Dativergänzung hat, kann in einer
bestimmten Ausgangssprache an gleicher Stelle in der Übersetzung eine Akkusativergänzung haben oder umgekehrt. Die Verben „helfen" und „folgen" z. B.,
die im Deutschen typische Dativ-Verben sind, haben etwa im Englischen oder
Französischen Akkusativergänzungen, sofern man in diesen Sprachen überhaupt von einem Kasus sprechen kann. Der Dativ kann also, zumindest bei
zweiwertigen Verben, bei denen die obligatorische Ergänzung im Dativ steht,
nicht inhaltlich erklärt werden. Es muß schlicht gelernt werden, ob ein Verb
eine Dativ- oder Akkusativergänzung hat. Aus diesem Grund wird in diesem
Lehrwerk die Funktion der Dativergänzung an dreiwertigen Verben (d. h.
Verben mit Subjekt, Akkusativergänzung und Dativergänzung) erläutert. Die
KT kennen bereits Verben mit Akkusativergänzung (vgl. Lektion 4). Wenn
nun ein Verb eine Akkusativergänzung und eine weitere, nämlich eine Dativergänzung, hat, so wird diese auf dieser Lernstufe zunächst einfach als „Restkate-
gorie", als Zusatz zur obligatorischen Akkusativergänzung, erklärt. Sie tritt
außerdem in dieser Lektion nur als „unbetonte obligatorische Ergänzung",
d. h. in Form eines Personalpronomens auf.

Zum methodischen Vorgehen:

Am Beispiel von „haben" wird noch einmal die Akkusativergänzung dargestellt („Geburtstag haben"). Danach werden einige Sätze mit typischen dreiwertigen Verben wie „geben", „schenken", „zeigen", „empfehlen" usw. gebildet, möglichst so, daß ein kleiner zusammenhängender Text entsteht. Dabei
wird eine neue Leerstelle in das Satzschema eingeführt, nämlich die für „unbetonte obligatorische Ergänzung". In der Tat trägt auch in einem Satz mit zwei
Ergänzungen die wichtigste, in diesem Fall die Akkusativergänzung, den
Satzakzent. Die zweite Ergänzung bleibt unbetont; in den Beispielen dieser
Lektion ist sie nur als (unbetontes) Personalpronomen vorhanden. Die Leer-

stelle für unbetonte Ergänzungen steht zwischen der zweiten Subjekt-Stelle und den freien Angaben. Die Grundstruktur eines Verbs mit Akkusativ- und Dativergänzung wird am besten an dem Verb „geben" deutlich: Es beinhaltet einen Gegenstand, der das Ziel der Handlung ist (nämlich die Akkusativergänzung), mit dem also etwas gemacht wird, und neben dem Subjekt eine weitere Person, die als „Mitspieler" an der Handlung beteiligt ist, die Dativergänzung (vgl. die Zeichnung auf Seite 135, 1). Die Frageform für ein Verb mit Akkusativ- und Dativergänzung ist also: „Wem was geben?" Dazu sollten dann alle bekannten Verben aufgelistet werden, die neben der Akkusativergänzung auch eine Dativergänzung haben können.

Aus den Beispielsätzen im Buch oder an der Tafel werden dann die Dativformen des Personalpronomens ermittelt und zusammengestellt.

Übung 3
KT führen die Übung zu zweit durch: KT sagt: „Gina hört gern Musik." Der nächste KT antwortet: „Man kann ihr eine Schallplatte schenken", usw.

Alternatives Vorgehen
KT erstellen für die KT im Kurs ein Raster ihrer Interessen und Vorlieben, denen dann Geschenkartikel zugeordnet werden, etwa so:

	Amadu	Linda	Luisa	Levent	Lucienne	Yasmin	...
raucht	+	−	−	+	+	−	...
liest viel	+	+	−	+	−	−	...
Auto	+	−	+	−	+	+	...
...	...	...	...	...	...	...	...

KT versprachlichen dann dieses Raster: „Amadu raucht. Man kann ihm ein Feuerzeug schenken.", „Linda raucht nicht. Man kann ihr keine Zigaretten schenken." usw.

Zur Festigung. → AB, S. 65
Ü 2

Übung 4
Zur Grammatik:
Erst jetzt ist es sinnvoll, Verben vorzustellen, die nur eine Dativergänzung haben.
Die KT sollten sich auch darüber klar werden, ob die betreffenden Verben auch in ihrer Muttersprache eine Dativergänzung haben, oder ob sie sie bewußt lernen müssen. Die unregelmäßige Wortstellung in der Frage „Gefällt Ihnen das Buch nicht?" soll zu diesem Zeitpunkt nicht ausführlich begründet werden.

1. KT lesen den Dialog zweimal mit verteilten Rollen.
2. Durchspielen der Varianten anhand des Zettels. Achtung: Personalpronomen wechseln: z. B. Gerd und Gabi (ihr, wir, euch, uns), Frau Hueber (Sie, ich, Ihnen, mir) usw. → AB, S. 66
U 3

3. Aus dem Kurs selbst Namen einsetzen und variieren.
In Einzelarbeit, anschließend gemeinsame Auswertung.

→ AB, S. 66   KT erstellen „Ihre Grammatik" in Einzelarbeit auf einem Zettel; Vergleich
Ü 4   untereinander; Eintrag der korrekten Version ins AB.

Übung 5

1. KT lesen den Dialog zweimal und spielen ihn dann mit den im Raster angegebenen Variationen.
2. KT analysieren unter Anleitung des KL die Verwendung der Indefinitpronomen. Parallel zum Definitpronomen, das dem definiten Artikel entspricht (vgl. Lektion 3), kann das Indefinitpronomen erklärt werden, das dem indefiniten Artikel entspricht. Im Satz steht das Indefinitpronomen im Gegensatz zum Definitpronomen an der Stelle für „obligatorische Ergänzung". Jedoch ist im Normalsatz das Indefinitpronomen nicht betont, d. h. daß das Verb den Satzakzent trägt: „Schenk ihr doch ein Radio." (Die obligatorische Ergänzung „Radio" ist betont.) – „Sie hat schon eins." („eins" ist zwar obligatorische Ergänzung, aber das Verb ist betont.)

→ AB, S. 67   3. KT ergänzen „Ihre Grammatik".
Ü 8

→ AB, S. 68   4. Als Hausaufgabe oder in Einzelarbeit.
Ü 9, 10

→ AB, S. 66   5. Verwendung der Fragepronomina.
Ü 6

→ AB, S. 67   6. Diese Übung sollte gemeinsam auf der Folie/Tafel durchgeführt werden –
Ü 7   anschließend Übertragung ins AB.

B1

2

Sprechintentionen: jemanden bezüglich eines Geschenkes um Rat fragen; einen Vorschlag machen; etwas ablehnen; sein Mißfallen ausdrücken
Situation: zwei Freunde beraten sich
Strukturen: Indefinitpronomen *etwas;* Verben mit Dativergänzung

Anregungen zur Unterrichtsgestaltung

Zur Grammatik
Das Indefinitpronomen „etwas" ist unveränderlich, da es sich auf etwas noch Unbekanntes bezieht, von dem man weder Anzahl noch Geschlecht kennt.

1. Zweimal Vorspielen des Dialogs in beiden Varianten.
2. KT beantworten Verständnisfragen: „Wer sagt was?", „Worüber sprechen die Personen?", „Was kauft sie?", „Welche Vorschläge macht der Mann?" usw.

3. KT hören die Dialoge zum dritten Mal. Dann Vorspielen und Nachsprechen der Repliken.
4. Lesen des Dialogs mit verteilten Rollen.
5. Mit dem Dialoggeländer werden verschiedene Varianten erarbeitet und im Rollenspiel vorgetragen.

Alternative zu 5

KL schreibt ein Dialog-Puzzle:
Die verschiedenen Frage- und Antwortrepliken werden auf Folienstreifen oder Zettel geschrieben (jeweils ein kompletter Dialog aus dem Dialoggeländer für eine Gruppe mit maximal vier Leuten. Für jede Gruppe eine andere Variante.).
1. Die Gruppen erstellen durch Hin- und Herschieben ihre Dialogvariante.
2. Die Gruppen übertragen ihren Dialog auf Folie oder notieren ihn an einer Wandzeitung (Packpapier, Tapete).
3. Jede Gruppe liest ihren Dialog mit verteilten Rollen vor und spielt sie dann frei.

→ AB,
S. 69, 70
Ü 13, 14, 15

Leseverstehen:	einen Comic mit Pointe verstehen
Textsorte:	Comic
Strukturen:	Personalpronomen und Definitpronomen im Akkusativ

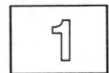

B2

1

Anregungen zur Unterrichtsgestaltung

Zur Grammatik

Anhand des Comics auf S. 84 im KB und der Übung ⎡ B2/3 ⎤ werden die Akkusativformen des Personalpronomens und des Definitpronomens der 3. Person Singular und Plural ermittelt und zusammen aufgeschrieben. Bei ihrer Darstellung im Satzzusammenhang wird deutlich, daß diese Pronomen eine obligatorische Ergänzung ersetzen. Das Definitivpronomen kann auch als Inversionssignal vorangestellt werden. (Das Personalpronomen wird heute nur noch in emphatischer, literarischer Sprache vorangestellt. Ein Satz wie: „Ihn nehme ich." wird in gesprochener Sprache vermieden). Die Betonungsverhältnisse sind unterschiedlich: Wenn Personalpronomen oder Definitpronomen deutlich demonstrative Funktion haben (jemand zeigt beim Sprechen ausdrücklich auf einen Gegenstand), tragen sie einen Kontrastakzent, andernfalls ist das Verb betont, da ja die Leerstelle „obligatorische Ergänzung" nicht besetzt ist.

1. „Kennen Sie Micky Maus?" „Welche Comic-Figuren kennen Sie noch?"
2. KT lesen den Text. Wörter, die sie nicht verstehen, können sie vom KT erfragen bzw. im Glossar nachschlagen.

→ AB, S. 70
Ü 16 → KT ergänzen den Lückentext.

→ AB, S. 71
Ü 17 → KT erstellen einen eigenen Comic.

→ AB, S. 73
Ausland
Text → *Reine Verhandlungssache*

B2

2

Sprechintentionen:	jemanden beim Einkauf beraten; ein Kaufangebot ablehnen; sich nach weiteren Artikeln erkundigen
Situation:	im Fachgeschäft, in der Kaufhausabteilung
Strukturen:	Akkusativ und Dativ des Personalpronomens; Akkusativ des Definit- und Indefinitpronomens

Anregungen zur Unterrichtsgestaltung

1. KT erstellen – angeregt durch die Zeichnung KB, S. 85 oben – einen „Kauf-Dialog". Fixierung auf Tafel oder Folie.
2. KT hören den Dialog zweimal.
3. KT vergleichen die beiden Versionen. KL stellt Verständnisfragen. Dann Vorspielen und Nachsprechen der Repliken
4. KT lesen den Dialog mit verteilten Rollen und variieren mit den verschiedenen Gegenständen, die in der Bildleiste unten auf der Seite sind.
5. KT erstellen eigene Dialoge mit Hilfe des Dialoggeländers und spielen sie. Die Gegenstände können auch aus den Bereichen: Wohnen, Essen und Trinken, ... gewählt werden.

→ AB, S. 67
Ü 8

→ AB, S. 74
Inland
Text → *Schüler lernen richtig einkaufen.*

B2

3

Sprechintentionen:	einen Gegenstand zum Kauf auswählen
Situation:	Gespräch zwischen Kunde und Verkäuferin
Strukturen:	Akkusativ des Definitpronomens und des Personalpronomens; *welche* als Indefinitpronomen

Anregungen zur Unterrichtsgestaltung

„Gefällt Ihnen ..."
Der KL erläutert die Kaufsituation: der Kunde kann die Gegenstände nicht anfassen. Daher muß er seinen Wunsch mit Worten verdeutlichen: „Den zu 27,90 DM" (den Kugelschreiber).

1. KT lesen den Dialog mit verteilten Rollen.
2. KT variieren den Dialog mit den unten angegebenen Artikeln.

Transfer des Dialogs.

Als Hausaufgabe oder Stillarbeit im Kurs.

→ AB,
S. 66, 68
Ü 5, 11
→ AB, S. 69
Ü 12

Sprechintentionen: über Geschenke beraten
Strukturen: Dativ, Akkusativ des Pronomens und Definitpronomens

B2

4

Anregungen zur Unterrichtsgestaltung

1. Die KT entwerfen Dialoge, wobei die zuvor erlernten Redemittel und Strukturen situationsgerecht angewendet werden sollen. Die inhaltliche Gestaltung (Artikel, Geschäft) sollte variiert werden.
2. KT lesen ihre Ergebnisse vor.

Leseverstehen: Informationen über die Bedienung eines Gerätes und seine Leistung entnehmen
Textsorte: Werbeanzeige für einen Foto-/Filmapparat

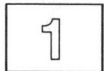

B3

1

Anregungen zur Unterrichtsgestaltung

1. KT sehen sich die Seite 88 an. KL: „Was sehen Sie?"
2. KT lesen den Text und bearbeiten gleich anschließend die Fragen 1 und 2 im KB, S. 89. (Die KT unterstreichen alle Wörter, die sie verstehen. Unbekannte Wörter zuerst im Gespräch mit dem Nachbarn klären, bevor sie im Plenum angesprochen werden.)
3. „Was wissen Sie noch über die Kamera?"
Die KT fügen dem Stichwort „Bilderstar" genauere Angaben zu, zum Beispiel:

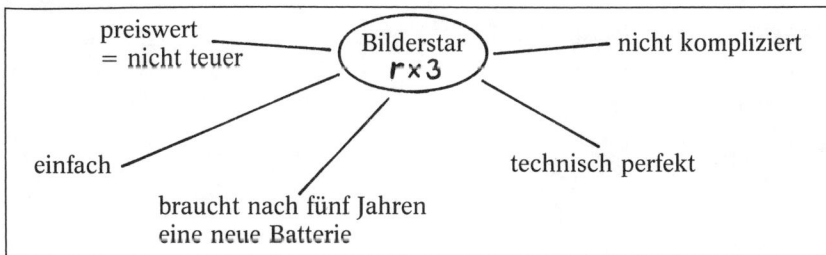

preiswert
= nicht teuer ――――― (Bilderstar) ――――― nicht kompliziert
r×3

einfach ――――   technisch perfekt

braucht nach fünf Jahren
eine neue Batterie

Hörverstehen: Auskünfte über ein Gerät verstehen
Situation: Beratungsgespräch auf einer Messe

2

Schriftliche Wiedergabe des Gesprächs auf Cassette:

Auf der Foto-Messe

○ Guten Tag! Kann ich Ihnen helfen?

□ Ja, ich interessiere mich für neue Photoapparate. Können Sie mir den Apparat hier erklären?

○ Natürlich . . . Der ist ganz neu: Man kann damit fotografieren und filmen.

□ Ah, interessant. Und wie funktioniert der?

○ Ganz einfach: Sie müssen *hier* den Knopf drücken. Dann machen Sie *Photos*. Aber dann möchten Sie auch 'mal *filmen*. Dann drücken Sie den Knopf *hier*. Und noch etwas: Sie brauchen nur sehr wenig Batterien. Der Apparat hat nämlich Solarzellen. Das heißt: Er arbeitet mit Sonnenenergie. Das ist sehr billig. Sie brauchen erst nach 5 Jahren eine neue Batterie.

□ Aha . . . Das ist wirklich sehr interessant. Aber dann ist der Apparat wohl ziemlich teuer, nicht?

○ 700,– DM.

□ Aha . . . Noch eine Frage: Wie lange hat man Garantie?

○ 1 Jahr.

□ Gut. – Ich komme aus Brüssel. Wann können Sie den Apparat nach Brüssel liefern?

○ In zwei Wochen. Sie können hier sofort bestellen.

□ Danke, danke. Ich möchte noch einmal darüber nachdenken . . . Aber geben Sie mir doch bitte einen Prospekt . . .

Anregungen zur Unterrichtsgestaltung

1. KT sehen sich die Fotos an, hören den Dialog und gehen anschließend die Schritte 1–5 durch.

Lösung: a = nein; b = ja; c = nein; d = ja; e = ja; f = nein; g = ja; h = ja

2. KT entwickeln selbst einen ähnlichen Dialog über einen anderen Apparat (z. B. Plattenspieler, Radiorecorder).

→ AB, S. 74
Inland
Text

Verbrauchertip – Garantieschein

→ AB, S. 72
Inland
Text

Wie gut sind die Gebrauchten?

Deutsch phantastisch

C

Der große Mediovideoaudiotelemax

Anregungen zur Unterrichtsgestaltung

1. KL schreibt das Wort an die Tafel/Folie, und die KT zerlegen es in seine Bestandteile.
2. „Was stellen Sie sich unter diesem Namen vor? Was ist das?" KT erstellen ein Assoziogramm.
3. KT lesen den Text und hören ihn.
4. KT machen Interpretationsversuche (evtl. nur einzelne Wörter, evtl. auch muttersprachlich).
5. KT rezitieren den Text in Pose und Ton eines Werbeagenten.

Kein Glück

Anregungen zur Unterrichtsgestaltung

1. KL: „Was ist für Sie Glück?" KT nennen Worte, Begriffe (evtl. muttersprachlich).
2. KT hören den Text zweimal und lesen ihn mit.
3. KT lesen und inszenieren den Text als Verkaufsgespräch. Statt Glück können Varianten: Mut, Freiheit, Verstand usw. eingesetzt werden.

Dem kleinen Kaufmann geht es schlecht – Sorgenjahr des Einzelhandels –
Taschengeld

→ AB, S. 72
Ausland
Text

Die Zahlenangaben im Text *Taschengeld* sind aus einer McCann- und einer Shell-Jugendstudie entnommen. Unter „Taschengeld" wird hier nicht nur das Geld verstanden, das die Jugendlichen von den Eltern bekommen, sondern auch das, was sie selbst verdienen.

Lektion 8

Thema: Stadt und Verkehr

Allgemeine Information

Am Beispiel Hamburg soll exemplarisch die räumliche Orientierung in einer deutschen Stadt demonstriert und die dafür notwendigen Redemittel erlernt werden. Hamburg kann stellvertretend für andere Großstädte gesehen werden: als Kultur- und Pressemetropole, als Industrie- und Wirtschaftsmetropole, die wie andere ihre Umweltprobleme hat.
Neben München gehört Hamburg zu den Großstädten, in denen viele Bundesbürger gerne leben möchten. Eine Besonderheit Hamburgs ist sein Hafen, der größte Mitteleuropas.

A Einstieg in das Thema der Lektion

Anregungen zur Unterrichtsgestaltung

1. KT (insbesondere Inlandslerner) nennen Begriffe, die ihnen zu „Hamburg" einfallen, z. B.: Hafen, Schiffe, alte Hansestadt, ist ein Bundesland, St. Pauli, Reeperbahn, Jungfernstieg, Alster, Elbe, Plattdeutsch reden, Springer, Spiegel, Brokdorf, Atomkraftwerke, „Grüne", ...

Alternative zu 1
Beantworten von Fragen wie „Wo liegt Hamburg?", „Was wissen Sie über Hamburg?"
2. KT sehen sich die Collage an und beschreiben, was sie erkennen.
3. „Was kann man in seiner Freizeit in Hamburg tun?"

Alternative
Erst den Text B1 „Zum Beispiel ... Hamburg" erarbeiten, dann die Collage besprechen. Insbesondere bei Auslandslernern und/oder, wenn wenig Vorkenntnisse vorhanden sind.

B1 Leseverstehen: die zentralen Informationen über die Stadt verstehen

Anregungen zur Unterrichtsgestaltung

1. KT lesen den Text und suchen die Schlüsselwörter aus den 4 Abschnitten

(Hamburg, Hauptstadt, Stadtstaat, Land, zehn Bundesländer, Bürgermeister usw.) entweder heraus oder unterstreichen sie. Entweder jede Gruppe alles oder pro Gruppe ein Abschnitt.

30

2. KT geben den Inhalt in Form kleiner Sätze wieder: „Hamburg ist die größte Stadt in der Bundesrepublik Deutschland." „Es hat die meisten Einwohner." „Es ist ein Stadtstaat." usw.

B1

2

Leseverstehen:	Sehenswürdigkeiten Hamburgs kennenlernen
Textsorte:	Werbeprospekt eines Busunternehmens für Stadtrund-fahrten
Hörverstehen:	die Erläuterungen während einer Stadtrundfahrt ver-stehen
Situation:	Stadtrundfahrt
Strukturen:	Präpositionen *vor, über, unter, neben, hinter, zwischen* Situativergänzung: Präpositionen mit Dativ

Schriftliche Wiedergabe der Hamburger Stadtrundfahrt

So, meine Damen und Herren, herzlich willkommen bei unserer Stadtrundfahrt durch Hamburg. Mein Name ist Kurt Notteboom, ich bin ein echtes Hamburger Kind und möchte Ihnen die Stadt zeigen.

Sie wissen ja: Hamburg ist eine Stadt am Wasser und auf dem Wasser. Wir fahren jetzt zuerst an der Außenalster entlang. Sehen Sie dort die Segelboote auf dem Wasser? Man glaubt es nicht, aber wir sind mitten in der Stadt! Das ist typisch Hamburg: Wasser und Türme... Links sehen Sie den Turm von der Sankt Nocolaikirche und da, rechts zwischen den Türmen sehen Sie ein neues Bürohaus.

(Musik)

Wir verlassen jetzt die Außenalster und sehen vor uns die Binnenalster. Segelboote fahren hier nicht, aber unter den Alsterarkaden kann man herrlich spazieren gehen und Einkäufe machen oder Kaffee trinken. Die Arkaden sind besonders schön. Deshalb nennt man Hamburg auch das Venedig des Nordens. Und abends können Sie, meine Damen und Herren, eine Bordparty auf der Binnenalster mitmachen, mit Hamburger Musik und Tanz.

(Musik)

Wenn Sie jetzt links aus dem Fenster sehen, liegt vor Ihnen Sankt Michaelis, eine der fünf Hauptkirchen von Hamburg, erbaut im 18. Jahrhundert. Aber es ist nicht nur eine schöne Barockkirche. Der Turm – wir nennen ihn „der Michel" – ist ein Wahrzeichen der Stadt. Und vor der Kirche sehen Sie gleich noch ein Wahrzeichen: das Bismarck-denkmal. Sehen Sie jetzt einmal rechts aus dem Fenster: Da ist das Operettenhaus und hinter dem Operettenhaus das St. Pauli-Theater.

(Musik)

Wir fahren jetzt ein Stück aus der Innenstadt heraus und nehmen die Autobahn Richtung Hannover. Die Autobahn führt nämlich unter der Elbe her. Achtung, da ist er schon: der neue Elbtunnel... So, meine Damen und Herren, über uns fließt jetzt die Elbe. Tja, man fährt nicht alle Tage unter einem Fluß, oder? Der Elbtunnel ist mit 3,3 Kilometern der längste Tunnel in Europa

(Musik)

Der Elbtunnel liegt jetzt hinter uns, meine Damen und Herren, und sehen Sie: wir sind im Hamburger Hafen. Sehen Sie jetzt mal links aus dem Fenster: Das ist die Köhlbrandbrücke, noch ein Wahrzeichen von Hamburg. Genau wie der Elbtunnel ist sie 3,3 Kilometer lang und steht 60 Meter hoch über der Elbe. Wir fahren jetzt auf der Brücke zurück in die Stadt.

(Musik)

Tja, meine Damen und Herren, wer kennt nicht die Lieder von Hamburgs berühmtestem Stadtteil: „Auf der Reeperbahn nachts um halb eins . . ." oder „In Hamburg, auf Sankt Pauli . . .? Und da sind wir schon: mitten in Sankt Pauli. Jawohl, diese Straße, das ist die Reeperbahn, und da rechts, das ist die „große Freiheit": Hier haben Sie einen Nachtclub neben dem anderen. Hier können Sie sich amüsieren. Aber ein bißchen Geld müssen Sie schon haben . . .

(Musik – ausblenden)

Lösung: Bilder Nr. 6, 3, 4

Allgemeine Information

Anhand des Prospekttextes werden den KT die Sehenswürdigkeiten Hamburgs vorgestellt. Das sprachliche Lernziel ist hier: Präpositionen mit Dativ.

Anregungen zur Unterrichtsgestaltung

1. „Was ist das für ein Prospekt?", „Welche Informationen gibt der Prospekt?" (Stadtrundfahrt mit einem Bus / Abfahrtszeiten und Abfahrtsort/Preise/Fahrtziele)
2. „Was erkennen Sie von der Einstiegscollage wieder?"
3. KT lesen die Bildunterschriften.
4. KT hören den Text zweimal und verfolgen die Fahrt anhand der Bilder.
5. Beim dritten Hören notieren die KT die Bildnummer.
6. KT lesen ihre Ergebnisse vor.
7. Überprüfung: KL spielt den Text mit Pausen nach jedem Abschnitt vor.
8. Anhand der Zeichnungen im KB S. 138 und weiterer Beispiele mit Gegenständen aus dem Unterrichtsraum werden die Bedeutungen der betreffenden Präpositionen klargemacht.

B1

③

Sprechintentionen:	etwas beschreiben, sich verabreden
Strukturen:	Präpositionen mit Dativ

Anregungen zur Unterrichtsgestaltung

Zur Grammatik

Die auf dem Merkzettel S. 95 im KB genannten lokalen Wechselpräpositionen (d.h. Präpositionen, die je nach Funktion entweder mit dem Dativ oder mit dem Akkusativ stehen) werden in B1 nur in ihrer situativen Funktion vorgestellt. Sie sind Teil einer Situativergänzung und stehen mit dem Dativ. Einige

von ihnen („in", „an", „auf") sind schon in Lektion 6 in Direktivergänzungen mit dem Akkusativ vorgekommen. Situativergänzungen antworten auf die Frage „wo"?, und die entsprechenden Wechselpräpositionen stehen dann mit dem Dativ.
Der Dativ der Artikel- bzw. Nomenformen wird aus den Textbeispielen systematisch ermittelt und an die Tafel geschrieben. Für den KL ist wichtig zu wissen, daß im heutigen Umgangsdeutsch der Dativ beim Nomen nur noch im Plural markiert wird; Wendungen wie „auf dem Turme" gehören heute nur noch der Literatursprache an.

Übung 1
KT erklärt kurz die Namen in der Zeichnung. Dann Lücken ergänzen.　　📖 15

Alternative
Einführung der Präpositionen.

Übung 2
1. KT lesen den Dialog mit verteilten Rollen und treffen Verabredungen.　　▯▯▯
2. KL spielt mit einem KT eine fiktive Verabredung vor; die anderen variieren den Dialog entsprechend.　　→ AB, S. 75
　　Ü 1, 2

Sprechintentionen:	jemanden nach Örtlichkeiten und Gebäuden befragen; Auskunft darüber geben	**B2**
Textsorte:	Stadtplan	
Strukturen:	Wechselpräpositionen *auf, an, in*	1

Anregungen zur Unterrichtsgestaltung

Übung 1
1. KL gibt Beispielsätze vor: „Wo ist . . .?"
2. KT beschreiben anhand des Stadtplans die Lage der Gebäude und Plätze.　　▰ 31, 32

Übung 2a
1. KT nennen Tätigkeiten; in einem zweiten Schritt ordnen sie ihnen die „Orte" zu, wo man diese Tätigkeiten ausführen kann, z. B. telefonieren – Post; schwimmen – Schwimmbad usw. (Achtung: Arbeitsamt ist hier fingiert!)　▯▯▯
2. KT gehen die vorgegebenen Frage-Antwort Repliken im KB, S. 97 durch.　▯▯▯

Übung 2b

Zur Grammatik
Kontrastiv zur Situativergänzung wird die Direktivergänzung, evtl. im Rückgriff auf Lektion 5 und 6, erläutert. Der Unterschied zwischen den Fragen „wo?" und „wohin?" muß, unter Umständen durch Bewegungen und deutli-

che Beispiele aus dem Unterrichtsraum, klargemacht werden. Für die Wechsel-präpositionen ist zu klären, daß sie auf die Frage „wo?" mit dem Dativ stehen, auf die Frage „wohin?" mit dem Akkusativ.

Entsprechend dem Beispiel gehen die KT die Übung durch.

→ AB,   Als Hausaufgabe oder in Stillarbeit im Kurs.
S. 76–79
Ü 3–8

→ AB,   Als Hausaufgabe oder in Stillarbeit im Kurs.
S. 80, 82
Ü 10, 15, 16

B2
2

Sprechintentionen: jemanden nach dem Weg fragen und Auskunft ge-ben; etwas bedauern
Situation: auf der Straße
Strukturen: Präpositionen; Ordinalzahlen

Anregungen zur Unterrichtsgestaltung

1. KT hören den Dialog zweimal. KL stellt Verständnisfragen.
2. Nochmaliges Vorspielen. Dann Vorspielen und Nachsprechen der Re-pliken.
3. KT lesen den Dialog mit verteilten Rollen.
4. KT erarbeiten weitere Dialoge anhand des Stadtplans und mit den Redemit-teln auf S. 98 oben. Anhand der Zusammenstellung der Ordinalzahlen von eins bis zehn und einiger Beispiele höherer Zahlen werden die Endungen der Ordinalzahlen erarbeitet. KT lesen ihre Entwürfe vor und spielen sie.

B2
3

Hörverstehen: Wegbeschreibung verstehen
Textsorte: Gespräch zwischen einem Autofahrer und einem Pas-santen

Schriftliche Wiedergabe der Gespräche auf Cassette

Entschuldigung, wir suchen ...

(Motorengeräusch, anhaltendes Auto)
□ Hallo, entschuldigen Sie bitte ...
O Ja, bitte?
□ Wir suchen das Museum für Völkerkunde.
O Hm, ... das Völkerkundemuseum ..., das ist in der Binderstraße. Also, am besten, Sie fahren hier geradeaus über die Eisenbahnbrücke und dann an der Kreuzung gleich rechts. Dann immer weiter geradeaus in die Moorweidenstraße, und in der

Moorweidenstraße nehmen Sie die erste links, das ist die Rothenbaumchaussee. Etwa nach 500 Metern rechts ist dann die Binderstraße, und da ist das Völkerkundemuseum gleich auf der linken Seite.

☐ Also hier geradeaus, an der Kreuzung rechts, dann geradeaus, in die ... Wie heißt die noch ...?

○ Das ist die Moorweidenstraße.

☐ Ach ja, also in der Moorweidenstraße die erste links, und dann nach 500 Metern rechts, ja?

○ Genau.

☐ Vielen Dank.

○ Keine Ursache.

(Motorengeräusch, abfahrendes Auto)

△ Da ist schon die Eisenbahnbrücke ..., so jetzt mußt du hier rechts fahren ... ja, weiter geradeaus ..., so, das ist hier die Moorweidenstraße ... erste Straße ... Stop! Hier mußt du rechts!

☐ Richtig, rechts in die Rothenbaumchaussee. Und jetzt?

△ Nach 500 Metern wieder rechts, da muß die Binderstraße sein.

☐ Hm, das ist aber komisch: rechts sehe ich keine Straße.

△ Ja, da ist nur die Eisenbahn. Du, ich glaube, wir sind falsch. Komm, wir fragen nochmal.

(Auto hält an)

Anregungen zur Unterrichtsgestaltung

1. KL zeigt den KT im Plan auf S. 96, wo der Autofahrer sich befindet. Zweimal Vorspielen. KT verfolgen im Stadtplan die Wegeerklärungen und wohin der Autofahrer fährt.

2. KT lesen Nr. 2 und hören den Text ein zweites Mal.

3. Auswertung mit Stop nach jeder Replik. (Gemeinsame Analyse von Fehlern)

Lösung: a = Museum für Völkerkunde; b = rechts ist die Eisenbahn, links die Außenalster (die zweite Straße rechts, nicht links); c = der Autofahrer fährt falsch; d = fahren Sie zurück und dann die dritte Straße rechts, das ist die Binderstraße.

Sprechintentionen:	den Weg erfragen; jemandem Verkehrsverbindungen erklären
Situation:	auf der Straße
Strukturen:	Präposition *(bis) zu* mit Dativ
Wortschatz:	U- und S-Bahn

B2

4

Anregungen zur Unterrichtsgestaltung

Zur Grammatik
Im Unterschied zu den Wechselpräpositionen, bei denen der Akkusativ die

Richtungs-(Direktiv-)Funktion angibt, steht die Richtungspräposition „zu"
mit dem Dativ. Wichtig ist die Erläuterung der unterschiedlichen Bezugswörter
bei „nach" und „zu" (siehe Merkzettel). Hierzu sollten noch weitere Beispiele
spontan mit den KT erarbeitet werden.

Anregungen zur Unterrichtsgestaltung

1. KT lesen den Plan der Schnellbahnen. KL erläutert ihn.
2. KT sehen sich das Bild im KB S. 99 an und beschreiben die Situation: „Wo
stehen die beiden Personen?", „Worüber sprechen sie?"
3. KT hören den Dialog zweimal. KL stellt Verständnisfragen. Dann Vorspielen und Nachsprechen der Repliken.
4. KT lesen den Dialog mit verteilten Rollen und spielen weitere Dialoge
durch.

→ AB S. 80 Sowohl als Hausaufgabe als auch in Einzelarbeit zur Übung der Präpositionen.
Ü 9, 11

33 Wegbeschreibung mit den verschiedenen Verkehrsmitteln und zu Fuß.

→ AB, Übung 14 gemeinsam im Kurs besprechen.
S. 81, 82
Ü 12, 14
→ AB, S. 83
Ü 17, 18
→ AB, S. 85 *Umsteigen zum HVV*
Inland
Text

B3	**Leseverstehen:**	die verschiedenen Verkehrsverbindungen Hamburgs kennenlernen
1	**Textsorte:**	Werbeprospekt für Hamburg
	Strukturen:	Wechselpräpositionen

Anregungen zur Unterrichtsgestaltung

Text
KT lesen den Text. KL: „Welche Informationen gibt der Text?" KT: „Schiff,
16 Flugzeug, Auto und Bahn fahren nach Hamburg.", „Sie kommen von Nord,
Süd, Ost und West." usw.

Übung 1
In Einzelarbeit oder Partnerarbeit, anschließend gemeinsame Auswertung.

Zur Grammatik
An dieser Stelle sollen noch einmal alle bekannten lokalen Präpositionen in
ihrer Funktion einander gegenübergestellt werden. Zunächst mag es verwir-

rend sein, daß „zu", „von" und „aus" Richtungspräpositionen sind und mit dem Dativ stehen. Daher muß deutlich werden, daß es einerseits Wechselpräpositionen gibt (und nur für sie gilt: Situativergänzung → Dativ; Direktivergänzung → Akkusativ), andererseits Präpositionen jeweils mit einem festen Kasus, die entweder in Situativ- oder Direktivergänzungen auftreten.

(Muttersprachlich): Was sind die Vor- und Nachteile einer solchen Stadt? (großes Verkehrsaufkommen, viele fremde Menschen, die auf der Durchreise sind, Arbeitsplätze . . .)

Übung 2
Mit anschließender gemeinsamer Analyse der Fehler.

→ AB,
S. 81, 84
Ü 13, 19

Deutsch phantastisch

C

Hoffnungsvolle Auskunft

Anregungen zur Unterrichtsgestaltung

1. KT lesen und hören den Text gleichzeitig.
2. Welche Wörter sind neu?
3. KT vergleichen Text und Zeichnung (das neue Wortmaterial ist visualisiert).
4. Lesen des Textes mit verteilten Rollen.
5. KT arbeiten neue Verwirrspiele aus.

Zusätzliches Spiel
1 KT zeichnet mit geschlossenen oder verbundenen Augen an der Tafel/Folie den Weg, den ihm ein anderer beschreibt. Der Zeichner darf nur dann eine Richtungsänderung vornehmen, wenn es ihm gesagt wird.

Behördenwegweiser

→ AB, S. 86
Inland
Text

Sauerlach muß ein Dorf bleiben – Hamburg à la carte

→ AB,
S. 85, 86
Ausland
Texte

Lektion 9

(Die methodischen Hinweise dazu finden Sie auf S. 40 ff.)

Lektion 10

Thema: Lebensverhältnisse – heute und gestern

Allgemeine Information

Thematisch gesehen steht diese Lektion in all ihren Teilen in der Spannung zwischen individuellen und kollektiven Erfahrungen und Ereignissen. In B1 sollen die KT lernen, persönliche aber auch allgemein gesellschaftliche und politische Ereignisse aus der selbst miterlebten Geschichte zu berichten oder zu erzählen.

In B2 geht es um deutschlandkundliche Informationen, und zwar vor allem zu einem sonst oft ausgeklammerten Kapitel der deutschen Geschichte: Hitler, drittes Reich, zweiter Weltkrieg. Die Erlebnisse, Erfahrungen, Deutungen einzelner Personen (zwei Interviews) werden konfrontiert mit den generellen historischen Ereignissen jener Zeit (Zeittafel mit Bildmaterial). Die Interviews beruhen auf authentischen Vorlagen, sind aber sprachlich für dieses Lehrwerk aufbereitet. Das Thema „Drittes Reich" ist bislang in Deutschlehrwerken fast völlig ausgespart geblieben, wohl vor allem deshalb, weil jene Ereignisse noch immer traumatisch auf den Deutschen lasten.

Wir Autoren dieses Lehrwerks sind allerdings der Meinung, daß die Geschehnisse jener Jahre ein zentraler Bestandteil deutscher und internationaler Geschichte sind; sie beeinflussen die Diskussion national und international bis zum heutigen Tag: Bis heute finden Nazi-Prozesse statt, immer wieder kommt es zu Aktionen von rechtsextremen Gruppen, die sich auf Hitler berufen, sowohl in der Bundesrepublik als auch in anderen Ländern der Welt. Die heutige Weltkonstellation der zwei großen Machtblöcke in Ost und West gegenüber der „Dritten Welt" ist ein Ergebnis des zweiten Weltkriegs.

Auf den möglichen Einwand, ein solches Thema sei zu schwierig und komplex für den Grundstufenunterricht, läßt sich entgegnen, daß dieses Thema auch im Mittelstufen- und Oberstufenunterricht grundsätzlich nie umfassend und wirklich „ausreichend" behandelt werden kann. Es ist in jedem Fall immer nur möglich, im Unterricht *exemplarisch* verschiedene Teilaspekte deutlich zu machen. Uns kommt es in diesem Kapitel – wie in anderen deutschlandkundlichen Teilen des Lehrwerks – auch darauf an, einige Klischeevorstellungen und eingefahrene Stereotype in Hinsicht auf Deutsche und ihr Verhältnis zum Faschismus aufzubrechen, behutsam in Frage zu stellen.

Deshalb sollen hier Erlebnisse von Einzelpersonen und ihre Deutung durch das betroffene Individuum auf dem Hintergrund übergreifender gesellschaftlicher Ereignisse exemplarisch an dem Beispiel eines typischen „Mitläufers" aus jener Zeit und des Sohns eines von den Nazis verfolgten Sozialdemokraten deutlich gemacht werden.

Allgemeine Information zu den Bildern

Friedensdemonstration in New York
Seit 1981 erhöhte Präsident Reagan die Ausgaben für den Verteidigungshaushalt zu Lasten der Sozialausgaben. Aufgrund der schlechten Wirtschaftslage und der großen Zahl von Arbeitslosen kamen immer mehr Menschen in wirtschaftliche Not. Gleichzeitig investierte Reagan immer mehr Geld in die Entwicklung von neuen Waffen, vor allem Atomwaffen. Demzufolge begann sich vor allem in Europa, insbesondere in Deutschland, aber auch in den USA eine Friedensbewegung zu bilden: Die Friedensdemonstration mit 500 000 Teilnehmern fand im Juni 82 in New York statt.

Krieg zwischen Argentinien und Großbritannien
Am 24. 3. 1982 besetzte Argentinien die Falklandinseln bzw. Malwinen. Am 1. 5. 82 haben die Kampfhandlungen zwischen Großbritannien und Argentinien begonnen. Am 12. 7. 82 kam es zum Waffenstillstand.

Ingrid Bergman
Ingrid Bergman, schwedische Filmschauspielerin, bekannt für Filme wie „Kaktusblüte", „Casablanca", „Indiskret", „Anastasia", „Mord im Orientexpress", wurde 1915 geboren und starb 67jährig am 29. August 1982 in London.

Papst Johannes Paul II. in Großbritannien
1982 besuchte der Papst Großbritannien.

Auf dem Arbeitsamt
Im Jahre 1982 stieg in fast allen westlichen Ländern der Welt die Arbeitslosenrate weiter an. Auch in der Bundesrepublik stieg die Zahl bis auf 2 Millionen.

Prinz William und seine Eltern:
Am 21. Juni 1982 wurde Prinz William, der englische Thronfolger nach Prinz Charles, geboren.

Fußballweltmeisterschaftsendspiel zwischen Deutschland und Italien
Fußballweltmeister wurde im Jahre 1982 Italien.

Anregungen zur Unterrichtsgestaltung

1. KL schreibt die Jahreszahl des vorangegangenen Jahres an die Tafel und fragt: „Was ist 19 . . . passiert?"
Sammeln von Ereignissen z. B. „Krieg in . . .:" oder „N. N. ist geboren", „A. N. ist gestorben." (Bei ganzen Sätzen sollte das Perfekt benutzt werden.)

Alternatives Vorgehen

1. Die KT sehen sich die Collage im KB, S. 115 an und äußern ihre Einfälle dazu. KL kann – wenn nötig – durch zusätzliche Fragen oder Hinweise vorsichtig steuern:
a) Beschreiben Sie das Bild.
b) Was ist 1982 passiert? KT ordnen die Sätze in Übung 1 den einzelnen Bildern in der Collage zu.
c) „Was wissen Sie noch? Was ist noch passiert?" (Wechsel der Regierung in Bonn, Libanonkrieg, Krieg zwischen Iran und Irak usw.)
2. KL läßt entsprechendes Material mitbringen; KT entwerfen eine Wandzeitung über die Ereignisse der letzten Wochen, indem sie Bilder mit entsprechenden Unterschriften oder Kurskommentaren zusammenstellen.

Was war für Sie wichtig?

B1

Sprechintentionen:	Vergangenes berichten, erzählen; sich entschuldigen
Situationen:	im Kurs; Telefonat; zwei Freunde treffen sich
Strukturen:	Perfekt; Präteritum von *sein* und *haben*

20 In den folgenden Übungen werden Verben aus den früheren Lektionen wiederholt und ins Perfekt gesetzt.

Anregungen zur Unterrichtsgestaltung

Übung 1
Gehört zur Collage (vgl. oben 1b)

Übung 2
KT erzählen dem Kurs, was sie im Jahre 1982 (bzw. im vergangenen Jahr) gemacht haben. Der KL hilft bei fehlendem Wortmaterial.

→ AB, S. 100
Ü 1
S. 102
Ü 3, 4

Übung 3
1. KT lesen den Dialog mit verteilten Rollen.
2. KL spielt mit einem KT dieses Telefonat vor.
3. KT spielen den Dialog nach und wählen dabei die verschiedenen Varianten aus dem darunterstehenden Kasten aus.

→ AB, S. 103
Ü 5, 6
S. 104, 105
Ü 9, 10

Übung 4
Es hängt von der Klassensituation ab, ob hier authentische Gespräche zwi-

schen zwei Kursnachbarn über „private Angelegenheiten" möglich sind. Im anderen Fall sollte man lieber das unverfängliche, weil unpersönlichere Rollen-spiel „Sie treffen einen Freund" wählen. Bei Formulierungsproblemen können die KT den KL fragen, der ihnen die fehlenden Wörter sagt.

Verhörspiel
Der KL beginnt das Spiel:
„Gestern abend um 20.30 Uhr hat man den KL (den eigenen Namen nennen) auf der . . . Straße überfallen und ihm Geld weggenommen. Die Täter sind noch nicht bekannt. Man glaubt, es sind Teilnehmer aus seinem Kurs Deutsch als Fremdsprache . . .
Wo waren Sie gestern abend? Was haben Sie gemacht? Mit wem waren Sie zusammen?"
Die KT können jetzt alle möglichen „Aussagen" machen, um ihr „Alibi" zu untermauern. Wer findet das beste Alibi?

Zur Grammatik
In B1 wurde das Perfekt vorwiegend in privaten Situationen des gegenwärti-gen Lebens vorgestellt: Die Betroffenheit des Sprechenden ist unmittelbar gegeben. Bei den Sprechsituationen und Sprecherrollen in B2 ist die Sprech-haltung eher historisch, erzählend. Die Betroffenheit des Sprechenden ist nicht unmittelbar aktuell, sondern eher durch die persönliche Erinnerung gegeben.

Der kleinste Zirkus der Welt
Eine unterhaltsame Geschichte über einen Zirkuskünstler zum Selbstlesen.

→ AB, S. 106
Inland
Text

Sprechintentionen:	Vergangenes beschreiben; Erlebnisse berichten
Textsorte:	Text/Bildcollage
Leseverstehen:	Informationen über die Situation im Jahre 1929 ent-nehmen

B2

1

Allgemeine Information

Die Weltwirtschaftskrise ging 1929 von USA aus, als es am „Schwarzen Frei-tag" in der Wallstreet zu einem katastrophalen Börsensturz kam. Gründe für die Krise: Überproduktion infolge Wirtschaftsausweitung (besonders seit 1924) und Rationalisierung der Arbeitsvorgänge in Industrie (Fließband) und Land-wirtschaft, Zurückbleiben der Aufnahmefähigkeit der Märkte; wirtschaftliche Störungen durch die Politik, durch Kriegs- und Reparationsschulden, politi-sche Neuordnung nach dem Krieg ohne Rücksicht auf wirtschaftliche Zusam-menhänge und Erfordernisse, Errichtung von Schutzzöllen, Krisenanfälligkeit der Wirtschaft überhaupt. Ausdehnung der Krise auf Südamerika, Australien, Europa. Absinken der industriellen Weltproduktion: (Juli 1932 38% des Stan-des vom Juni 1929; Stahl von 129 auf 50 Millionen Tonnen). Deutschland ist bei seiner wirtschaftlichen Schwächung durch den Krieg und die Kriegsfolgen besonders hart getroffen (Ende 1929 Kassendefizit des Reiches: 1,7 Milliarden). Infolge neuen Zweifels an seiner Kreditfähigkeit erfolgte der Abruf seiner kurzfristigen Auslandskredite, auf denen seine wirtschaftliche Erholung seit 1924 wesentlich beruhte.

Anregungen zur Unterrichtsgestaltung

1. Die KT lesen diese Seite und besorgen sich (wenn möglich) alle möglichen Zusatzinformationen zu der Frage: Was war im Jahre 1929?
2. Die Ergebnisse werden im Kurs – zum Teil in der Muttersprache – besprochen, dabei werden folgende Fragen geklärt:
a) Was ist der „Schwarze Freitag" in New York?
b) Was bedeutet „Weltwirtschaftskrise"?
c) Was wissen Sie über die Situation 1929 in Ihrem Land?
d) Was bedeutet die Weltwirtschaftskrise in Deutschland? Was passiert dort?

B2

2

Textsorten:	Interviews mit zwei Deutschen; Zeittafel über die Ereignisse 1929–45; Lebensläufe
Hör-/Leseverstehen:	aus einem Interview die wichtigsten Informationen über die Person entnehmen; die historische Übersicht entschlüsseln
Strukturen:	Perfekt, Präteritium von *sein* und *haben*

Allgemeine Information

Die Zeittafel ist hier mit den individuellen Interviews kontrastiert, um persönliche und allgemeine Geschichte gegenüberzustellen.

a) die Zeittafel:
Deutschland war von der Weltwirtschaftskrise auf Grund seiner wirtschaftlichen Schwächung durch Krieg und Kriegsfolgen besonders hart getroffen. Die Arbeitslosenrate stieg von Jahr zu Jahr. Im Jahre 1930 wurde Heinrich Brüning Reichskanzler. Er versuchte mit Notverordnungen (Steuererhöhung, Herabsetzung der Reichsausgaben, Kürzung der Beamtengehälter) die Lage zu bessern. Hitler nutzte die Not der Massen und sammelte durch verhetzende Propaganda Anhänger für seine Partei (NSDAP). Brüning hatte mit seiner Sparpolitik bereits einige Erfolge, wurde dann aber von Reichspräsident Hindenburg abgesetzt. Von Papen und Schleicher regierten nach ihm ohne Erfolg. Auch sie konnten die Lage nicht wirklich bessern. Der Ruf nach dem „Starken Mann" wuchs. Am 30. Januar 1933 wurde Hitler Reichskanzler; man glaubte, ihn damals mit Hilfe bürgerlicher und konservativer Minister in Schach halten und kontrollieren zu können.

Gründe für die Ausbreitung des Nationalsozialismus: Die Beseitigung der Monarchie, die im Volk und bei den Militärs noch viele Anhänger hatte, und damit das Fehlen einer Identifikationsfigur an der Spitze ließ eine Lücke, die die Weimarer Republik nicht schließen konnte. Daher traf sich romantische Flucht aus der Not der Gegenwart in die Vergangenheit des kaiserlichen Deutschlands mit der Diffamierung der Republik. Ihr lastete man zu unrecht die Niederlage von 1918 an (Dolchstoßlegende); dazu kamen die Verarmung weiter Kreise des Bürgertums durch den Krieg, der starke finanzielle Druck durch die Reparationszahlungen an Frankreich, England, USA nach dem ersten Weltkrieg, ein gering ausgebildetes demokratisches Bewußtsein und Verantwortungsgefühl, die Weltwirtschaftskrise.

Zusatzinformationen zur Zeittafel

28. 2. 33	Aufhebung der in der Weimarer Verfassung festgelegten demokratischen Grundrechte.
23. 3. 33	„Ermächtigungsgesetz". Damit erhält Hitler die Vollmacht, ohne den Reichstag zu regieren.
ab Juni–Juli 33	Auflösung aller Parteien, Errichtung von Konzentrationslagern für politisch Andersdenkende (z. B. Sozialdemokraten, Kommunisten, später Juden, Zigeuner, Polen, Russen u. a.)
bis 1936	Hitler beendet, vor allem durch die Wiederaufrüstung der Wehrmacht, die Arbeitslosigkeit und festigt damit seine Position.
	Das führt zu einer enormen Verschuldung des Staates.
März 38	Gewaltsamer „Anschluß" Österreichs an Deutschland.
September 38	Konferenz in München: Hitler (Deutschland), Mussolini (Italien), Chamberlain (England), Daladier (Frankreich). Das Sudetenland geht an Deutschland.
März 39	Errichtung des „Reichsprotektorats Böhmen und Mähren".
August 39	Deutsch-sowjetischer Nichtangriffspakt.
1. September 39	Einmarsch der deutschen Truppen in Polen; England und Frankreich erklären Deutschland den Krieg.
April 40	Angriff Deutschlands auf Dänemark und Norwegen, Besetzung der Länder.
Mai 40	Kapitulation Hollands und Belgiens, Angriff auf Frankreich.
Juni 40	Waffenstillstand mit Frankreich.
1941	Angriffe auf Jugoslawien, Griechenland, die Sowjetunion, Hitlers Eingreifen in Afrika (Rommel).
Dezember 41	Kriegserklärung der USA und Englands an Japan; Deutschland und Italien erklären den USA den Krieg.
Ende 42	Beginn der Kriegswende: Niederlage der Deutschen in Stalingrad.

1944	Rückzug der Deutschen an allen Fronten.
20. Juli 44	Graf Schenk von Stauffenberg und andere versuchen ein Bombenattentat auf Hitler, um mit den Kriegsgegnern einen Waffenstillstand zu vereinbaren und dann eine neue nationale Regierung zu gründen. Das Attentat scheitert. Die „Männer des 20. Juli" werden hingerichtet.
7./8. Mai 45	Kapitulation des Deutschen Reiches, Selbstmord Hitlers.

b) Herr Ruhland

Er repräsentiert eine bestimmte Gruppe von Deutschen, die als Jugendliche der systematischen Propaganda des 3. Reichs ausgesetzt waren. Die meisten von ihnen waren in der HJ (Hitler-Jugend), einer Jugendorganisation, in der sich die Jugendlichen in ihrer Freizeit trafen (z. B. zum Sport, Singen, Wandern), in der sie vor allem aber politisch auf das Nazisystem eingeschworen wurden. Viele von ihnen waren deshalb begeisterte Anhänger des Nationalsozialismus, andere wurden zumindest passive „Mitläufer". Diejenigen erwachsenen Deutschen, die von Anfang an die Gefährlichkeit des Regimes erkannten, konnten nicht ohne Gefahr für Leib und Leben ihre Meinung offen äußern. Viele von ihnen emigrierten ins Ausland, andere versuchten Widerstandsformen im Land, kamen ins KZ oder ins Gefängnis, andere wurden heimtückisch ermordet.

Wie schwer es damals gerade für die deutsche Jugend war, die geschickte Propaganda der Nazis zu durchschauen, zeigt das Buch *Die weiße Rose* über die gleichnamige studentische Widerstandsgruppe, in deren Mittelpunkt die Geschwister Scholl standen. Zunächst waren auch die Geschwister Scholl trotz der Mahnungen des weitsichtigen, aufgeklärten Vaters Anhänger der HJ. Erst später erkannten sie als einige wenige das wahre Gesicht des Dritten Reichs, organisierten die Widerstandsbewegung „Die Weiße Rose" gegen Hitler, wurden 1943 gefaßt und nach wenigen Tagen Haft in München hingerichtet.

„Jetzt ist Hitler an die Regierung gekommen"

Inge Aicher-Scholl hat in ihrem 1953 erschienenen Buch *Die Weiße Rose* beschrieben, wie sie den 30. Januar 1933, den Tag der Machtergreifung Hitlers, erlebt hat:

„An einem Morgen hörte ich auf der Schultreppe eine Klassenkameradin zur andern sagen: ‚Jetzt ist Hitler an die Regierung gekommen.' Und das Radio und alle Zeitungen verkündeten: ‚Nun wird alles besser werden in Deutschland. Hitler hat das Ruder ergriffen.'

Zum erstenmal trat die Politik in unser Leben. Hans war damals fünfzehn Jahre alt, Sophie zwölf. Wir hörten viel vom Vaterland reden, von Kameradschaft, Volksgemeinschaft und Heimatliebe. Das imponierte uns, und wir horchten begeistert auf, wenn wir in der Schule oder auf der Straße davon sprechen hörten. Denn unsere Heimat liebten wir sehr . . .

Das Vaterland, was war es anderes als die größere Heimat all derer, die die gleiche Sprache sprachen und zum selben Volke gehörten. Wir liebten es und konnten kaum sagen, warum. Man hatte bisher ja auch nie viele Worte darüber gemacht. Aber jetzt, jetzt wurde es groß und leuchtend an den Himmel geschrieben. Und Hitler, so hörten wir überall, Hitler wolle diesem Vaterland zu Größe, Glück und Wohlstand verhelfen; er wolle sorgen, daß jeder Arbeit und Brot habe; nicht ruhen und rasten wolle er, bis jeder einzelne Deutsche ein unabhängiger, freier und glücklicher Mensch in seinem Vaterland sei. Wir fanden das gut, und was immer wir dazu beitragen konnten, wollten wir tun . . . Wir waren mit Leib und Seele dabei, und konnten es nicht verstehen, daß unser Vater nicht glücklich und stolz „ja" dazu sagte."

In der Familie Scholl gab es heftige Auseinandersetzungen, an die sich Inge Aicher-Scholl heute noch gut erinnert:

„Durch den Streit fiel – ob wir's wollten oder nicht – ein ernüchterndes Licht auf unsere Vorstellungen von der neuen Zeit. Es kam die Sprache auf die Zwanziger Jahre, die Folgen des Ersten Weltkrieges wie Inflation, Arbeitslosigkeit und wirtschaftliche Misere. Unser Vater sagte: ,Wenn den Menschen erst die nackte Existenz untergraben ist und sie die Zukunft nur noch wie eine graue Wand sehen, dann hören sie leichter auf Versprechungen, ohne zu fragen, wer sie macht.' Auftrumpfend bestanden wir bei den Auseinandersetzungen in den folgenden Monaten darauf, daß Hitler ja sein Versprechen gehalten habe, die Arbeitslosigkeit zu beseitigen. Wenn wir stolz auf die Autobahnen hinwiesen, konnten wir vom Vater hören: ,Habt ihr nachgedacht, wie er das bewerkstelligt? Die Kriegsindustrie kurbelt er an, Kasernen werden gebaut. Wißt ihr, wo das enden wird? Außerdem – die materielle Sicherheit wird uns nie zufrieden machen. Wir sind doch Menschen, die ihre freie Meinung, ihre eigenen politischen Ideen, ihren eigenen Glauben haben. Eine Regierung, die an diese Dinge rührt, hat keinen Anspruch auf unser Vertrauen'."

c) Herr Fink
Die Sozialdemokratische Partei versuchte als einzige Partei bis zuletzt, Hitler Widerstand zu leisten. (Die Kommunisten waren schon früher ausgeschaltet worden.) Nachdem sie verboten wurde, kamen viele Sozialdemokraten in KZ's (Konzentrationslager). Der Widerstand im Untergrund wurde nach und nach erstickt.

d) Herr Wimmer
Er steht als Beispiel für die Menschen, die auf ihre Art mit ihren bescheidenen Mitteln eine Art des passiven Widerstands versuchten (vgl. oben unter b).

Anregungen zur Unterrichtsgestaltung

1. Was wissen Sie über das Dritte Reich?
2. Die KT lesen die Zeittafel auf S. 188 und 119 und 120 und 121. Sie klären alle unbekannten Ausdrücke im gemeinsamen Gespräch a) durch den Kontext b) durch eigene geschichtliche Kenntnisse c) durch das Bildmaterial d) durch Vergleich mit Internationalismen e) durch Fragen an den KL f) durch das Glossar. Die KT informieren sich privat weiter über die Zeit und bringen ihre Kenntnisse mit in die Gruppenarbeit ein.
3. Die KT lesen den kurzen Lebenslauf von Walter Ruhland.

4. Klären von unbekannten Ausdrücken.
5. Zwei- oder dreimal Vorspielen des Interviews mit Herrn Ruhland.
6. Die KT äußern – evtl. in der Muttersprache – ihre Eindrücke und Gefühle.
7. Die KT lesen noch einmal das Interview im KB, S. 118 und 120; evtl. Klären zentraler, unbekannter Ausdrücke.
8. KT streichen im Raster im KB, S. 120 und 121 die richtigen Aussagen an, die auf (3) Herrn Ruhland und (4) den Vater von Herrn Ruhland zutreffen. Zuvor unterstreichen sie alle Aussagen im Text, die ihre Entscheidungen für die Eintragungen im Raster belegen.
9. Die KT tragen ihre Ergebnisse vor und begründen ihre Entscheidung mit entsprechenden Textstellen.

Richtige Lösung:
Herr Ruhland ist gern zur Schule gegangen.
– hat nicht viel über Hitler und seine Politik nachgedacht.
– hatte gern Deutsch und Religion in der Schule.
– hat 1946 einen neuen Anfang gesucht.

Vermutlich gibt es Diskussionen darüber, ob auch G und L aus dem Raster für Herrn Ruhland zutreffend sind. Das kann zu einer Sensibilisierung für die damalige Situation führen und zu einer Aufweichung des Schwarz/Weiß-Klischees, alle Deutschen seien damals Nazis gewesen.

10. KT lesen den Lebenslauf von Armin Fink. Anschließend zwei- oder dreimal Lesen und Hören des Interviews im KB, S. 119 und 121.
11. Klären von unbekannten Ausdrücken. Klären auch der Reaktion des Lehrers Wimmer: „Buben, lacht nicht! Jetzt könnt ihr lange Zeit nicht mehr lachen. Deutschland geht jetzt ins Massengrab."

Es muß hier herausgearbeitet werden, daß Herr Wimmer vorhersah, was durch Hitler auf Deutschland zukam: der Zweite Weltkrieg. Damals durfte man solche Äußerungen aber nicht von sich geben. Herr Wimmer wurde deshalb als Kommunist verdächtigt; man mußte bei solchen Äußerungen mit der Einlieferung ins KZ rechnen. In diesem Fall konnte sich der Lehrer durch eine sehr geschickte Aktion gegen die Verhaftung schützen. Er ließ sich von allen Eltern seiner Schüler schriftlich bescheinigen, daß er ein guter Lehrer und jeder mit ihm sehr zufrieden sei.

12. Die KT äußern Fragen und Eindrücke.

→ AB, S. 104
Ü 6, 8
S. 101
Ü 10

13. Ausfüllen des Rasters in Hinsicht auf Herrn Fink, seinen Vater und Herrn Wimmer. Hier könnte sich eine Diskussion über Herrn Wimmer anschließen: „War Herr Wimmer tatsächlich ein Kommunist?"

→ AB, S. 103   Als Hausaufgabe
Ü 7

Zur Grammatik

Weitere Hausaufgabe oder Stillarbeit: Die KT unterstreichen alle Perfektformen im Text. Der KL läßt sie die verschiedenen Arten der Formenbildung zusammenstellen. Anschließend Verweis auf die Grammatikübersicht auf S. 142, 143 im KB. In dem Zusammenhang Erarbeitung der Präteritumformen von „sein" und „haben".

Die KT haben bereits in Lektion 9 anhand einiger Verben intuitiv Gruppen von Perfektformen gebildet. Diese werden hier noch einmal aufgegriffen und systematisch dargestellt. Die Partizipformen der wichtigsten in Band 1 aktiv gelernten Verben sind hier zusammengestellt. Wie man sieht, ist die Zahl dieser Verben nicht sehr groß. Es ist also lernpsychologisch vertretbar, daß die Kursteilnehmer für jedes Verb die dazugehörige Partizipform einzeln lernen. Dabei bekommen sie durchaus Einblicke in die zugrundeliegenden Bildungsregeln. Diese sollten aber nicht explizit gemacht werden, da die Zahl der zu lernenden Regeln in keinem sinnvollen Verhältnis zur Zahl der bekannten Verben steht. Es ist also z. B. nicht sinnvoll, irgendwelche Ablautreihen der starken Verben anzugeben oder gar auswendig lernen zu lassen. Folgende Beobachtungen können die Lerner aber immerhin selbst ermitteln:

– Verben, die im Präsens einen Vokalwechsel haben, legen den Schluß nahe, daß sie auch im Partizip einen anderen Vokal haben als im Infinitiv (außer „schlafen", „geben", „essen", „lesen", „sehen"). Bei „essen" ist auf den Übergangslaut „g" im Partizip hinzuweisen: „gegessen".

– Einige wenige unregelmäßige Formen haben im Partizip einen veränderten Wortstamm gegenüber dem Infinitiv („denken", „bringen", „stehen").

– Bei Verben mit Verbzusatz tritt das Präfix „ge" im Partizip zwischen den Verbzusatz und den Rest des Partizips. Im übrigen bleibt der Wortakzent auf dem Verbzusatz.

– Bestimmte Verben bilden das Partizip ohne das Präfix „ge". Die Regelmäßigkeit, die ihnen zugrundeliegt, wird sinnvollerweise ebenfalls erst später gelernt.

– Eine überschaubare Anzahl von Verben wird im Perfekt mit „sein" gebildet. Es handelt sich dabei in erster Linie um Verben, die eine Bewegungsart ausdrücken; aber Vorsicht: Auch im Perfekt mit „haben" gibt es Bewegungsverben (z. B. „schwimmen"), die gleichzeitig aber auch die Bildung des Perfekts mit „sein" zulassen.

Besonders bei den Verben mit Vokalwechsel sollten hier auch noch einmal die Präsensformen wiederholt werden. Von den Verben „geben", „lesen" und „sehen" sind im Kursbuch bisher nur einige Formen verwendet worden. Deshalb sollte an dieser Stelle die Konjugation dieser Verben mit Vokalwechsel noch einmal ausdrücklich vorgestellt bzw. wiederholt werden.

Bei den Verben „haben" und „sein" benutzt man meistens das Präteritum anstelle des Perfekts. Das kann verschiedene Gründe haben:

a) Sprachökonomie: Beides sind häufig vorkommende Verben. Ihre Präteritumformen sind syntaktisch einfacher als ihre Perfektformen und werden deshalb vorgezogen.

b) Äußerungsabsicht: Beide Verben bezeichnen meistens Zustände oder Umstände, die den Hintergrund für andere Handlungen bilden.

Wenn man diesen Umstand ausdrücken will, ist das Präteritum dem Perfekt vorzuziehen. Vgl. dazu die Tempusverwendung in folgenden Beispielsätzen: „1982 war die Arbeitslosigkeit groß. Auch mein Freund Bernd hatte keine Arbeit. Aber ich habe 1982 Arbeit gehabt: Ich bin Programmierer bei Müller & Co. geworden."

→ AB,
S. 108
Inland
Text

Augenblicke

Der Text „Augenblicke" ist recht anspruchsvoll; er kann auf dieser Sprachstufe nur in einer aufgeschlossenen Kursgruppe behandelt werden. Auf jeden Fall sollte man nur die Kerninformationen erarbeiten. Er zeigt das Verhalten einer normalen bürgerlichen Familie während des Dritten Reichs, ihre Hilfsdienste gegenüber Verfolgten in der Zeit eines Terrorregimes.

Auf dieser Seite im Arbeitsbuch ist außerdem ein *Judenpaß* mit dem Vermerk „J" (= Jude).

→ AB, S. 106
Ausland
Text

Die Geschwister Scholl

Dieser sprachlich anspruchsvolle Bericht über die Widerstandsbewegung „Weiße Rose" kann vor allem in einer interessierten Kursgruppe erarbeitet werden.

Die Plakate geben Auskunft über national-sozialistische Ideologie a) Hetze gegen Juden b) bedingungsloser Gehorsam gegenüber dem Führer verbunden mit Kriegspropaganda. Zwei weitere Wahlplakate auf S. 107 machen deutlich, mit welchen Argumenten man damals die arbeitslosen Massen in Deutschland zu fangen wußte.

→ AB,
S. 108
Ausland
Text

Gedichte: manche meinen . . . – Vater komm erzähl vom Krieg

weisen auf das Dritte Reich, den Weltkrieg und auf das Leben der Generation zwischen den beiden Weltkriegen hin.

Textsorte:	2 Lebensläufe
Strukturen:	Perfekt, Präteritum von *sein* und *haben*

Allgemeine Information

Adenauer war der erste Bundeskanzler der Bundesrepublik Deutschland, Brandt der vierte Bundeskanzler, der besonders durch neue Wege der Ostpolitik international bekannt wurde. 〔📖〕 21

Die Lebensläufe der beiden Politiker Adenauer (CDU = Christlich Demokratische Union) und Brandt (SPD = Sozialdemokratische Partei Deutschlands) zeigen die wichtige Rolle, die beide für die Bundesrepublik gespielt haben bzw. noch spielen, und auch ihr Verhalten während der Nazizeit.

Anregungen zur Unterrichtsgestaltung

Die KT erstellen in verschiedenen Gruppen je einen Bericht über das Leben von Adenauer und Brandt. Sie machen sich – wenn nötig – Notizen. Bei den Perfektbildungen evtl. Nachschlagen in der Grammatikübersicht. Anschließend Vorlesen im Kursforum. Korrektur vor allem der neuen Verbformen. Außerdem kann man die Formulierungen heraussuchen und unterstreichen lassen, die typisch sind für Darstellungen von Lebensläufen. Wenn es in die Situation des Kurses paßt, kann man auch Lebensläufe von Phantasiepersonen erstellen lassen (eines Lehrers, Revolutionärs, eines Arbeiters usw.).

Wer war das?   ■ 42, 43

Deutsch phantastisch   〔C〕

Abgeschlossene Vergangenheit

Allgemeine Information

Dieser satirische Dialog ist im Stil der Geschichten: „Papa, Charly hat gesagt..." geschrieben. Diese in Deutschland recht beliebten und in immer neuen Varianten fortgesetzten Dialoggeschichten enthalten jeweils ein Gespräch zwischen Vater und Sohn. Die bürgerlich etablierte Position des Vaters wird durch die kritischen, scheinbar naiven Fragen des Sohns in ihrer Scheinheiligkeit und Borniertheit entlarvt. Hier ist der Anlaß für die Fragen des Sohnes die Tatsache, daß er in der Schule im Geschichtsunterricht über das Dritte Reich und Hitler erfährt. Der Vater erweist sich in diesem Gespräch als jemand, der sich offensichtlich noch nie wirklich mit jenen Ereignissen und seiner Rolle in dieser Zeit auseinandergesetzt hat, für den das alles „einfach vorbei ist", der mit den damaligen Ereignissen nichts mehr zu tun haben will und sie verdrängt. Damit repräsentiert er einen Teil jener deutschen Generation.

Anregungen zur Unterrichtsgestaltung

1. Die KT beschreiben das Bild auf S. 123.
2. KL erklärt die Begriffe:
a) HJ = Hitlerjugend
b) Lagerfeuer
c) Nationalsozialismus
d) singen
e) marschieren
3. Zweimal Vorspielen des Textes. Die KT lesen den Text auf S. 123 mit.
4. Diskussionsfragen:
a) Warum heißt der Dialog „Abgeschlossene Vergangenheit"? (evtl. Bedeutung aus dem Glossar entnehmen.)
Diese Überschrift setzt Assoziationen in zweierlei Weise frei:
1. die für den Vater abgeschlossene Vergangenheit in der Nazizeit, mit der er sich nicht mehr auseinandersetzen will,
2. das Perfekt wird im Deutschen auch verwendet, um deutlich zu machen, daß ein Vorgang in der Vergangenheit aufgehört hat und deshalb jetzt abgeschlossen ist.
b) Wie finden Sie den Vater? Was hat er in der Nazizeit gemacht? War er ein Nazi? War der Opa ein Nazi? Wie ist der Vater heute?

nur in der Muttersprache:

a) Glauben Sie, es gibt viele solche Deutsche?
b) Wie sollten sich Ihrer Meinung nach die Deutschen in Hinsicht auf ihre Vergangenheit verhalten?
c) Wie sehen Sie die Rolle Ihres Landes in Hinsicht auf die Nazizeit? Was wissen Sie darüber?

Übersicht
über die Lernziele

	Lektion 1	**Lektion 2**	**Lektion 3**
Thema	Erste Kontakte	Näheres Kennen-lernen	Wohnen
B1 **Sprechintentionen**	jn. begrüßen; sich oder jn. vorstellen; Bitte um Wiederho-lung; Buchstabieren; nach dem Befinden fragen; sich verab-schieden; jn. identifi-zieren; Herkunftsort erfragen	jn. ansprechen und darauf reagieren; Informationen über jn. erfragen (Alter, Beruf, Wohnort, Name); Auskunft über die eigene (oder andere Personen) geben	Gegenstände, örtliche Lage benennen und identifizieren
Grammatische Strukturen	Aussagesatz; Wort-und Satzfrage; Inversion; Imperativ, Konjugation Präsens Singular und Präsens Plural; Personalpro-nomen *ich* und *Sie*	Verb und Ergänzun-gen; Verb und Anga-ben, Fragesatz mit *was?*	Deklination; inde-finiter und definiter Artikel im Nominativ; negativer indefiniter Artikel
Wortschatz	Angaben zur Person	Angaben zur Person	Partikel *doch*; Be-zeichnungen für Wohngebäude, Zim-mer, Möbel
B2 **Sprechintentionen**	jdn. identifizieren	jn. vorstellen und darauf reagieren; Herkunft erfragen	etwas beurteilen und vergleichen
Grammatische Strukturen	Satzfrage; Fragesatz mit *wer?*; Personal-pronomen 3. Pers. Sing. und Plural	das Modalverb *mö-gen*; die Satzklam-mer; Fragesatz mit *wo?*; die Opposition *du – Sie*	Verben mit Qualitativ-ergänzungen
Wortschatz	Angaben zur Person	Angaben zur Person; Partikel *denn, doch, übrigens*	Adjektive zur Beur-teilung und Beschrei-bung von Möbeln
B3 **Sprechintentionen**	Telefonnummern er-fragen; jn. am Telefon identifizieren	weitere Angaben über eine Person machen können	etwas beurteilen; Informationen über einen Gegenstand erfragen
Grammatische Strukturen	*Ist da nicht ...?* (Satzfrage)	*was?*, Fragesätze mit *wie lange?, wie alt?, wo?*	Definitpronomen *der, die, das*; Personalpro-nomen *er, sie, es*
Wortschatz	Zahlen	Angaben zur Person	Angaben zu Woh-nungen

	Lektion 4	Lektion 5	Lektion 6
Thema	Essen und Trinken	Alltag, Arbeit und Freizeit	Reisen
B1 **Sprechintentionen**	etwas beschreiben, etwas bejahen oder verneinen und dementsprechend begründen	Vorgänge beschreiben; Uhrzeiten erfragen und angeben; Tagesabläufe beschreiben	etwas vergleichen; etwas beschreiben
Grammatische Strukturen	Deklination (Akkusativ) des definiten und indefiniten Artikels, Mengenangaben; Pluralbildung der Nomen; Akkusativergänzung	Verben mit Verbzusatz; Verben mit Vokalwechsel	Präpositionen mit Akkusativ; Direktivergänzung
Wortschatz	Speisen, Getränke	Uhrzeit; Verben zur Bezeichnung alltäglicher Tätigkeiten; Geschäfte; öffentliche Einrichtungen	geografische Angaben
B2 **Sprechintentionen**	Speisen bestellen; reklamieren, Speisen bezahlen	jn. einladen; sich verabreden; etw. ablehnen und das begründen; Bedauern ausdrücken	etwas erbitten, Eigenschaften von Hotels erfragen; jm. raten; Eigenschaften von Hotels usw. angeben
Grammatische Strukturen	Akkusativ des definiten und indefiniten Artikels; Pluralbildung der Nomen; Mengenangaben	Modalverben *können, müssen, mögen;* Präposition *in* und Akkusativ; *wohin?;* Verbativergänzungen	*welcher, welche, welches;* Steigerungsformen (prädikative Verwendung)
Wortschatz	weitere Speisen, Geschirr, Besteck	Uhrzeit; Verben zur Bezeichnung von Freizeitaktivitäten; Freizeiteinrichtungen	Angaben zu Hotels, Pensionen
B3 **Sprechintentionen**	jn. auffordern, etwas zu tun; Gefallen ausdrücken; sich bedanken	etwas vergleichen; etwas begründen; einen Sachverhalt darstellen	Abfahrtzeiten erfragen
Grammatische Strukturen	Inversion, Imperativ, Singular und Plural; Verben mit Vokalwechsel	–	*welcher, welche, welches;* Steigerungsformen zur Beschreibung und Bewertung von Verkehrsmitteln
Wortschatz	–	–	Adjektive

	Lektion 7	**Lektion 8**	**Lektion 9**
Thema	Einkauf und Geschäfte	Stadt und Verkehr	Gesundheit
B1 **Sprechintentionen**	etwas vorschlagen; jmd. beraten; jn. einladen; um Rat fragen und darauf reagieren; Mißfallen/Gefallen/Ärger ausdrücken	sich verabreden; etwas beschreiben	Zugehörigkeit ausdrücken; jn. nach seinem Befinden fragen und darauf reagieren
Grammatische Strukturen	Dativergänzung (Personalpronomen); Verben mit Akkusativ- und Dativergänzung; Indefinitpronomen im Akkusativ; Personalpronomen im Dativ	Präpositionen mit Dativ; Situativergänzungen	Possessivartikel im Nominativ
Wortschatz	Gegenstände des täglichen Bedarfs	Angaben zur lokalen Orientierung	Krankheiten, Beschwerden, Körperteile
B2 **Sprechintentionen**	jn. beraten; jm. seine Hilfe anbieten; sich bedanken; Ungewißheit ausdrücken	nach dem Weg fragen; Orts-/Richtungsangaben machen	etwas ablehnen; jn. überreden; jn. zu etwas auffordern; zustimmen; Wichtigkeit ausdrücken; Verärgerung ausdrücken
Grammatische Strukturen	Personalpronomen im Akkusativ; Verben mit Dativergänzung; Definitpronomen im Akkusativ	Wechselpräpositionen; Ordinalzahlen; Präposition *zu* und Dativ; Situativ- und Direktivergänzungen	Modalverben: *sollen, dürfen, wollen*
Wortschatz	weitere Gegenstände des täglichen Bedarfs	Ämter, Behörden, öffentliche Gebäude; Angaben zur lokalen Orientierung	Krankheiten; Beschwerden
B3 **Sprechintentionen**	jn. beraten; sich beraten lassen	etwas beschreiben	etwas erzählen; Vergangenes erzählen
Grammatische Strukturen	Verben mit Dativergänzung	Wechselpräpositionen; Situativ- und Direktivergänzungen	Perfekt
Wortschatz	–	Verkehrswege und Verkehrsmittel	–

Lektion 10

Thema	Lebensverhältnisse – heute und gestern

B1 Sprechintentionen	Vergangenes erzählen; Vergangenes besprechen

Grammatische Strukturen	Perfekt mit *haben* und *sein*; Perfekt regelmäßiger Verben; Präteritum von *sein* und *haben*; Sonderformen des Perfekts

Wortschatz	Verben zur Bezeichnung alltäglicher Tätigkeiten

B2 Sprechintentionen	Vergangenes berichten; Vergangenes erzählen;

Grammatische Strukturen	Perfekt regelmäßiger Verben; weitere Sonderformen; Präteritum von *sein* und *haben*

Wortschatz	–

B3 Sprechintentionen	–

Grammatische Strukturen	–

Wortschatz	

Übungsmaterialien für Fortgeschrittene
zu Wortschatz und Grammatik

Richtiges Deutsch
von Hilmar Kormann, 92 Seiten, kt., Hueber-Nr. 1235

Wie sag ich's auf deutsch?
von Gerhard Kaufmann, 84 Seiten, kt., Hueber-Nr. 1097

sprechen von? – sprechen über?
von Sigbert Latzel, 128 Seiten, kt., Hueber-Nr. 1368

Der Gebrauch der deutschen Präpositionen
von Werner Schmitz, 88 Seiten, kt., Hueber-Nr. 1059

Übungen zu Präpositionen und synonymen Verben
von Werner Schmitz , 80 Seiten, kt., Hueber-Nr. 1094

ABC der starken Verben
von Kläre Meil und Margit Arndt, 144 Seiten, kt., Hueber-Nr. 1058

ABC der schwachen Verben
von Kläre Meil und Margit Arndt, 180 Seiten, kt., Hueber-Nr. 1091

Übungen zum Gebrauch von Perfekt
und Präteritum im Deutschen
von Sigbert Latzel, 108 Seiten, kt. mit Zeichnungen, Hueber-Nr. 1305

Training Deutsch · 60 Wortschatz- und Strukturübungen
von Joachim Busse, 112 Seiten, kt., Hueber-Nr. 1313

ABC der deutschen Nebensätze
von Wolf-Dietrich Zielinski, 192 Seiten, kt., Hueber-Nr. 1340

sprachen der welt
hueber Max Hueber Verlag · D-8045 Ismaning